Ainda que tenha morrido, viverá

Coleção Água viva

A arte de purificar o coração – Tomáš Špidlík

À mesa de Betânia. A fé, a tumba e a amizade – Marko Ivan Rupnik

"Abraçou-o e o cobriu de beijos" – Marko Ivan Rupnik

Ainda que tenha morrido, viverá. Ensaio sobre a ressurreição dos corpos – Olivier Clément - Marko Ivan Rupnik

Nós na Trindade. Breve ensaio sobre a Trindade – Tomáš Špidlík

O discernimento – Marko Ivan Rupnik

O exame de consciência. Para viver como remidos – Marko Ivan Rupnik

Orar no coração – Tomáš Špidlík

"Procuro meus irmãos". Lectio Divina sobre José do Egito – Marko Ivan Rupnik

Olivier Clément
Marko Ivan Rupnik

Ainda que tenha morrido, viverá

Ensaio sobre a ressurreição dos corpos

Dados Internacionais de Catalogação na Publicação (CIP)
(Câmara Brasileira do Livro, SP, Brasil)

Clément, Olivier, 1921-2009
"Ainda que tenha morrido, viverá" : ensaio sobre a ressurreição dos
corpos / Olivier Clément, Marko Ivan Rupnik ; tradução José Afonso
Beraldin. — São Paulo : Paulinas, 2010. — (Coleção água viva)

Título original: Anche se muore vivrá.
Bibliografia
ISBN 88-86517-72-6 (original)
ISBN 978-85-356-2605-6

1. Escatologia   2. Jesus Cristo – Ressurreição   3. Morte   4. Morte
– Aspectos religiosos   5. Ressurreição   I. Rupnik, Marko Ivan.   II.
Título.   III. Série

10-01765   CDD-236

Índices para catálogo sistemático:
1. Morte e ressurreição : Escatologia : Teologia cristã   236
2. Vida, morte e ressurreição : Escatologia : Teologia cristã   236

Título original da obra: *ANCHE SE MUORE VIVRÁ*
Saggio sulla risurrezione dei corpi
© 2003 *Lipa Srl, Roma – Fotografie © Giuseppe Maria Codazzi*

Citações bíblicas: *Bíblia Sagrada — tradução da CNBB, 2. ed., 2002*

Direção-geral: *Flávia Reginatto*
Editora responsável: *Vera Ivanise Bombonatto*
Tradução: *José Afonso Beraldin*
Copidesque: *Maria Goretti de Oliveira*
Coordenação de revisão: *Marina Mendonça*
Revisão: *Equipe Paulinas*
Direção de arte: *Irma Cipriani*
Gerente de produção: *Felício Calegaro Neto*
Capa e produção de arte: *Wilson Teodoro Garcia*

Nenhuma parte desta obra poderá ser reproduzida ou transmitida
por qualquer forma e/ou quaisquer meios (eletrônico ou mecânico,
incluindo fotocópia e gravação) ou arquivada em qualquer sistema ou
banco de dados sem permissão escrita da Editora. Direitos reservados.

Paulinas

Rua Dona Inácia Uchoa, 62
04110-020 – São Paulo – SP (Brasil)
Tel.: (11) 2125-3500
http://www.paulinas.org.br – editora@paulinas.com.br
Telemarketing e SAC: 0800-7010081

© Pia Sociedade Filhas de São Paulo – São Paulo, 2010

Introdução

Este pequeno livro se compõe de vários elementos. Abre-se com um texto de Olivier Clément sobre como podemos hoje decifrar o sentido da ressurreição – o evento mais central e que dá sentido à fé cristã –, depois que a ciência exegética e teológica dos últimos séculos demonstrou que os Evangelhos não podem ser lidos como reconstruções biográficas da vida de Jesus e que neles a objetividade dos fatos históricos, tais como estes aconteceram, deve ser vista por meio da linguagem da fé pascal da Igreja primitiva.

É um texto que reflete sobre as interpretações exegéticas contemporâneas, inevitavelmente entrelaçadas com as mais gerais tendências culturais do nosso tempo, todavia, a partir da consciência de que os cristãos não podem ler a Bíblia e os mistérios cristãos sozinhos, mas juntamente com toda a Igreja que lê e compreende em mim e comigo. Na Igreja vivemos na grande unidade da comunhão dos santos que nos introduz numa espécie de reversibilidade dos tempos históricos, no tempo bíblico – da criação à parusia –, contemporâneos dos grandes eventos da história da salvação e da graça que deles se desprende.

O texto de Clément possui também um valor de testemunho. Ele próprio escreveu várias vezes que o enrugar-se do nosso corpo na velhice tem o significado espiritual da crisálida, do casulo de onde sai a borboleta, do homem de carne que deve murchar e morrer para gerar o homem espiritual. Seu texto, mais do que octogenário e com o corpo marcado pelos inevitáveis achaques da velhice, acaba assumindo assim todo um valor existencial.

Apraz-nos imaginá-lo como uma das palavras do seu testamento, um canto à ressurreição de quem já tem consciência da morte, mas da morte com Cristo.

O livro apresenta, na sequência, um texto de Marko Rupnik, autor também do conto de Bogoljub, no apêndice, e dos mosaicos do Asilo da "Madonna dell'Oliveto" de Montericco, aos quais se referem as imagens, realizadas junto ao Ateliê de Arte Espiritual do Centro Aletti. Enquanto o texto de Clément se detém na ressurreição de Cristo, o de Rupnik pretende oferecer pistas de reflexão sobre a nossa ressurreição, e quer fazê-lo a partir de três formas diferentes de dizer o mesmo conteúdo: a primeira através da chave argumentativa, a segunda em forma de narração e a terceira por imagens, haurindo da grande tradição cristã em que as linguagens teológicas jamais se excluem umas às outras, mas que, ao contrário, na preocupação em dizer o mistério de um modo capaz de falar a cada um, se intuiu quando era tempo da palavra argumentada, da narração, ou da arte.

A ressurreição
Hermenêutica e experiência eclesial

Olivier Clément

SURGIMENTO DO PROBLEMA

▶A té o "século das luzes", não havia qualquer dúvida, entre os cristãos, sobre a autenticidade do dado escriturístico referente à ressurreição de Jesus e à interpretação a ser dada. Afirmação ingênua da ressurreição enquanto fato histórico e fé no Ressuscitado misturavam-se inextricavelmente. O problema surge quando a própria ciência "pré-crítica" estabelece o princípio de que não existe outra realidade, outra modalidade do ser, afora o mundo dos sentidos e da quantidade. O "milagre" deve ser negado *a priori*. A teologia liberal do século XIX se desenvolve neste universo sem mistério. É o "palácio de cristal" de Dostoievski, com os seus ídolos de racionalidade e história. Cristo Ressuscitado não pode ser mais do que um mito, no sentido mais pobre do termo. Razão e história não se interessam senão pelo Jesus da história, o homem de Nazaré, messias provavelmente político cuja aventura se esgota no xeque-mate sem amanhã da cruz.

Mas os Evangelhos são tão permeados de sinais e de enigmas, o invisível neles penetra tão profundamente o visível, a consciência ininterruptamente sugerida por Jesus da sua identidade divina é tão clara, que seria necessário cancelar tudo se se quisesse olhar só para uma história racionalmente garantida. *No fim das contas – sinal quase apofático –, a história mesma evaporaria, Jesus não seria nada mais do que um fantasma.*

Deixando de lado ou quase o Jesus da história, Bultmann decifra o "mito" da ressurreição, o acontecimento da fé vivido pelas primeiras comunidades cristãs, o sentido que a fé dessas comunidades deu à cruz. Restando o mundo assim como ele é, submetido às "leis" estabelecidas pela ciência, a ressurreição se identifica com a fé, segundo uma interpretação "existencial" desta, ou seja, no fim das contas, subjetiva.

Hoje, na exegese dominante no Ocidente, o pensamento de Bultmann perde força, mas não está realmente superado. A continuidade entre o Jesus da história e o Cristo da fé não é mais negada, mas é puramente "pessoal", sem consequências para o corpo individual de Jesus. Xavier Léon-Dufour, no final do seu lindíssimo livro,[1] parece sugerir que o cadáver de Jesus retorna ao universo ao qual pertence, só que a um universo que a esta altura, em virtude da ressurreição, é transformado e glorioso. Ele cita favoravelmente uma hipótese de Henri Bouillard segundo a qual o sepulcro vazio se explicaria por uma prodigiosa aceleração da decomposição da matéria orgânica, de modo que não apareceria mais nada no momento da visita das mulheres.

Dizer que Cristo ressuscitou seria afirmar que ele está sempre vivo e que o mundo será transfigurado. Quanto ao corpo de Jesus, este teria se decomposto como corpo enquanto tal, e para alguns não haveria do que se admirar caso fosse reencontrado o seu esqueleto. Expressão estranhamente blasfema para um ortodoxo.

Deste modo faz-se desaparecer o "escândalo da ressurreição" e a afirmação central de São João (1,14), "O Verbo se fez carne", fica singularmente relativizada.

---

[1] Faz-se referência ao livro *Résurrection de Jesus et message pascal*. Paris, 1971.

Uma hermenêutica eclesial

Parece-me, pois, para um ortodoxo, que a única hermenêutica suscetível de decifrar o sentido de um acontecimento tão cheio de sentido como a ressurreição seja uma *hermenêutica eclesial, a hermenêutica da Tradição viva, do Espírito que repousa sobre o corpo sacramental de Cristo.*

A Escritura nos fornece, de algum modo, a constatação de uma inimaginável ausência-presença, e o sepulcro vazio constitui, mesmo para o histórico, um sinal, um sinal de alguma forma "apofático". Por meio de uma linguagem, das estruturas e dos símbolos que são os de uma época determinada – *mas que nós podemos e devemos interpretar, retraduzir, na grande unidade da comunhão dos santos* –, os Evangelhos nos oferecem não só a síntese do querigma e do louvor das primeiras comunidades cristãs, mas a *própria experiência dos apóstolos,* que frequentemente registraram, sem compreendê-las perfeitamente, as manifestações do Ressuscitado, que, entretanto, se tornaram plenamente claras aos seus sentidos – um sentido infinito – pela efusão do Espírito...

O testemunho paulino, em função da experiência propriamente apostólica e da experiência eclesial

> De fato, eu vos transmiti, antes de tudo, o que eu mesmo tinha recebido, a saber: que Cristo morreu pelos nossos pecados, segundo as Escrituras, foi sepultado e, ao terceiro dia, foi ressuscitado, segundo as Escrituras; e apareceu a Cefas e, depois, aos Doze. Mais tarde, apareceu a mais de quinhentos irmãos de uma vez. Destes, a maioria ainda vive e alguns já morreram. Depois, apareceu a Tiago, depois, a todos os apóstolos; por último, apareceu também a mim, que sou como um aborto (1Cor 15,3-8).

É característico que Paulo acrescente a esta lista estereotipada a sua atestação pessoal, *que não é mais, como ocorria com os apóstolos, visão (e reconhecimento) do Ressuscitado por parte daqueles que conheceram o Jesus pré-pascal, mas visão do Senhor da glória numa experiência irreparavelmente pessoal e eclesial.* O querigma e a celebração das primeiras comunidades cristãs *nascem, portanto, ao mesmo tempo, da experiência dos apóstolos, aclarada pelo Pentecostes, e da experiência batismal, eucarística e "pneumática" dos fiéis* (é a assembleia eucarística o lugar dos carismas: cf. 1Cor 10,16), que, imersos sacramentalmente na morte e na ressurreição do Senhor, percebem-se como que passando continuamente com Cristo da morte à ressurreição ("É assim que eu conheço Cristo, a força da sua Ressurreição [...]" Fl 3,10), e veem abrir-se, na Tradição da Igreja, a mesma consciência que Jesus tinha da sua identidade divina, da sua paixão, da sua vitória sobre a morte. A Igreja atualiza essa experiência da ressurreição em cada Batismo, em cada Eucaristia, em cada celebração pascal. Essa experiência constitui, de algum modo, o seu próprio ser, e de geração em geração aparecem "homens apostólicos", na continuidade de Paulo, de Estêvão, do vidente de Patmos, que se tornam totalmente transparentes ao ser eclesial – cristo-pneumático – que os funda. "Veem", numa experiência de comunhão total, o Cristo Ressuscitado, de tal modo que pode ser acrescentado o seu nome, depois do de Paulo, à "corrente de ouro" das testemunhas.

A tomada de consciência dos apóstolos no Espírito Santo

Cristo, normalmente com sinais, enigmas e paradoxos, tentou fazer com que os apóstolos compreendessem seja a sua identidade divina, seja a necessidade da sua morte: insuportável contradição! Pois bem, *a ressurreição desconcerta os apóstolos tanto quanto a cruz. Sua atitude diante da mesma é a incredulidade.*

A ressurreição

Marcos, depois do testemunho de Maria Madalena:

> Quando ouviram que ele estava vivo e tinha sido visto por ela, *não acreditaram*. Depois disso, Jesus apareceu a dois deles, sob outra aparência, enquanto estavam indo para o campo. Eles contaram aos outros. Também *não acreditaram nesses dois*. Por fim, Jesus apareceu aos onze discípulos, enquanto estavam comendo. Ele os criticou pela falta de fé e pela dureza de coração, porque não tinham acreditado naqueles que o tinham visto ressuscitado (Mc 16,11-14).

Mateus: "Quando o viram, prostraram-se; *mas alguns tiveram dúvida*" (28,17).

Lucas: "mas estes acharam tudo isso *um delírio e não acreditaram*" (24,11). "Pedro, no entanto, levantou-se e correu ao túmulo. Olhou para dentro e viu apenas os lençóis. Então voltou para casa, *admirado* com o que havia acontecido" (24,12). Quando Jesus apareceu aos apóstolos e lhes mostrou as suas mãos e os seus pés, "eles ainda não podiam acreditar, tanta era sua alegria e sua surpresa" (24,41).

Em João, a "cegueira apostólica", como escreve Padre Le Guillou, se concentra na rejeição, na dúvida de Tomé.

Também as mesmas mulheres parecem haver começado com "não disseram nada a ninguém, *pois estavam com temor*" (Mc 16,8).

E, claro, Maria Madalena, quando o Ressuscitado a chama – pronuncia o seu nome –, o reconhece logo, revive todo o mistério do seu encontro. Mas ela gostaria de retê-lo, gostaria de prender o passado, reencontrar o antigo "viver com": "Não me segures, pois ainda não subi para junto do Pai. Mas vai dizer aos meus irmãos: subo para junto do meu Pai e vosso Pai, meu Deus e vosso Deus" (Jo 20,17), isto é, ao Pai meu que agora é vosso Pai, no Cristo glorificado, lugar do Espírito. A relação de Maria Madalena com o seu Senhor sofre aqui uma verdadeira mutação, uma transfiguração no fogo do Espírito. Maria é chamada a alcançá-lo lá aonde ele vai – *junto do Pai* – *e na Igreja, com os irmãos...*

O caráter "pneumático" e eclesial do "reconhecimento" do Ressuscitado por parte dos apóstolos culmina no Pentecostes, mas está em todo lugar já nas narrações evangélicas. Aos *peregrinos de Emaús* Cristo se mostra através da Palavra de Deus e da fração já eucarística do pão (Lc 24,31-32). As *aparições públicas* sublinham a fundação da Igreja, não só quando se trata dos Onze, mas também, em Jo 21, dos Sete, número da totalidade (cf. as sete Igrejas do Apocalipse). (Cf. os 153 peixes = soma das 17 primeiras cifras, número triangular que designa a plenitude do gênero humano.) Sempre, como o demonstrou o Padre Boris Bobrinskoy, o *tema eucarístico do banquete e do envio em missão.*

Le Guillou afirma:

> As aparições do Ressuscitado conduzem, assim, os apóstolos a compreender que se instaura entre eles e o seu Mestre um novo modo de existir que brota do além da morte e que não poderá mais ser quebrado por esta. É o prelúdio da sua comunhão com ele na força do Espírito comunicado em Pentecostes. Assim, pouco a pouco, eles passam da ordem do "ser com" de relações semelhantes à ordem da interioridade do mistério, que se realiza na comunicação e na comunhão do Espírito. Toda a sua vida comum com Jesus se transfigura pela presença do mistério comunicado no Espírito. Este os conduz à verdade inteira. Eles conhecem, enfim, quem é realmente Jesus.

É significativo que o único, mesmo de longe, que reconhece Jesus seja "o discípulo que Jesus amava" (cf. Jo 20,8 e 21,4-7), esse

A ressurreição

João para quem a força do Espírito Santo não cessa de habitar em Cristo e de irradiar-se dele. Na visão "sintética" de João, que não se pode esquecer de completar com a visão mais analítica apresentada por Lucas, o Pentecostes impregna da sua luz, do seu sopro, toda a grande "Cinquentena". Para ele a crucifixão, a exaltação, a ressurreição e o retorno ao Pai são um único mistério, o da glorificação do Verbo encarnado e vencedor da morte. Em João, Jesus mostra não só as mãos, mas também o lado, do qual saíram sangue e água, isto é, o Espírito na sua força eclesial (nos Padres da Igreja, a água do Batismo, o sangue da Eucaristia). É aquilo que Dom Cassien chamava de "pentecostes joanina", no qual o Ressuscitado, no primeiro/oitavo dia da semana, se manifesta como o *recriador*, ele que foi o criador (cf. Gn 2,7, quando Deus insuflou nas narinas de Adão o sopro de vida). *Para João, a ressurreição inaugura o Pentecostes*; a Páscoa é, no Espírito, aquilo que dá início à tomada de consciência apostólica.

OS DADOS EXEGÉTICOS NESTA PERSPECTIVA

Os testemunhos pré-evangélicos

Esses testemunhos pré-evangélicos, nós o sabemos, são as Cartas de Paulo, e textos breves, ainda mais antigos, inseridos tanto nas cartas paulinas quanto em outros escritos do Novo Testamento.

Nesses textos podemos chegar a uma expressão quase originária da experiência cristã da ressurreição.

O mais antigo texto do Novo Testamento que faz alusão à ressurreição parece ser 1Ts 1,9b-10: "[...] vos voltastes para o Deus vivo e verdadeiro e vos pusestes ao seu serviço, na espera do seu Filho, Jesus, que ele ressuscitou dentre os mortos e que virá dos céus para nos arrancar da ira que vem vindo". A carta provavelmente foi escrita no ano 51, isto é, uns vinte anos depois da morte de Cristo. Sobretudo o versículo em questão é

13

ritmado e contrastado por aquele que o precede e por aquele que o segue.

O mesmo se diga da passagem de Rm 10,9 ("Se, pois, com tua boca confessares que Jesus é Senhor e, no teu coração, creres que Deus o ressuscitou dos mortos, serás salvo") e de 1Cor 15,3-7, já citado: "[...] ao terceiro dia, foi ressuscitado, [...] apareceu a Cefas e, depois, aos Doze. Mais tarde, apareceu a mais de quinhentos irmãos de uma vez. [...]Depois, apareceu a Tiago, depois, a todos os apóstolos; [...]".

Essas três passagens são *breves confissões de fé*, já conhecidas dos seus leitores, que Paulo incorpora nas suas cartas, como o testemunha a expressão: "De fato, eu vos transmiti, antes de tudo, o que eu mesmo tinha recebido, [...]" (1Cor 15,3-5). Do mesmo modo, Paulo faz logo alusão às aparições do Ressuscitado a Cefas e a Tiago – basta pensar na visita de Paulo a Jerusalém em 39, quando, pela primeira vez depois da sua conversão, ele entra em contato com Pedro e Tiago: "Depois, três anos mais tarde, fui a Jerusalém, para conhecer Cefas, e fiquei com ele quinze dias. Não me encontrei com nenhum outro apóstolo, a não ser com Tiago, o irmão do Senhor" (Gl 1,18-19). É provável que Paulo tenha recebido em 39, em Jerusalém, essas confissões de fé e sobretudo a série de atestações de 1Cor 15. Por meio desses textos exprime-se a fé da primeira comunidade cristã, apenas alguns anos depois da crucifixão de Jesus.

Uma outra expressão muito antiga é a que afirma *a ressurreição de "Jesus, o Nazareno"* e que encontramos em Marcos e nos Atos dos Apóstolos. O Evangelho de Marcos coloca na boca do anjo: "Não vos assusteis! Procurais Jesus, o nazareno, aquele que foi crucificado? Ele ressuscitou! [...]" (16,6). E nos Atos, Lucas faz Pedro dizer: "[...] Jesus de Nazaré [...] fosse entregue pelas mãos dos ímpios, e vós o matastes, pregando-o numa cruz. Mas Deus o ressuscitou, [...]" (At 2,22-26). Pois bem, na época em que Marcos escreveu (60-70 d.C.), e menos ainda na época em

A ressurreição

que Lucas escreveu, posterior a Marcos, ninguém chamava mais Jesus "o Nazareno", mas sim "o Senhor". A expressão, que se encontra no Novo Testamento unicamente nessas duas passagens, nos leva a aproximá-las.

Já que sabemos por Santo Ireneu que Marcos transmitiu no seu Evangelho a catequese de Pedro, de quem Lucas nos refere aqui as palavras exatas, pode-se concluir que nessa passagem estamos alcançando *as expressões empregadas pelo próprio Pedro quando se dirigia aos hebreus de Jerusalém para anunciar-lhes a ressurreição, logo depois de Pentecostes.*

Entretanto, paralelamente a essa *linguagem querigmática,* que proclama a *ressurreição,* nós encontramos nas Cartas de Paulo, nas cartas pastorais e na Primeira de Pedro uma *linguagem hínica* – alguns hinos sem dúvida muito antigos e inseridos nessas cartas, nos quais se exprime a *amplitude, o sentido glorioso do mistério da ressurreição;* aqui compreendemos que a ressurreição não é sobrevivência ou reanimação, mas *"descida" vitoriosa às profundezas* e *exaltação na glória divina,* de modo que a cruz se torna o eixo definitivo do mundo e o Ressuscitado tudo plenifica.

Fl 2,8-12:

> [...] humilhou-se, fazendo-se obediente até a morte – e morte de cruz! Por isso, Deus o exaltou acima de tudo e lhe deu o Nome que está acima de todo nome, para que, em o Nome de Jesus, todo joelho se dobre no céu, na terra e abaixo da terra, e toda língua confesse: "Jesus Cristo é o Senhor", para a glória de Deus Pai.

Ef 4,8-10:

> Por isso, diz a Escritura [fórmula que introduz uma citação]: "Subindo às alturas, levou cativo o cativeiro e distribuiu dons aos seres humanos". Que significa "subiu", senão que ele desceu também às profunde-

zas da terra? Aquele que desceu é o mesmo que subiu acima de todos os céus, a fim de encher o universo.

1Pd 3,19-20:

> No Espírito, ele foi também pregar aos espíritos na prisão, aos que haviam sido desobedientes outrora, quando Deus usava de paciência – como nos dias em que Noé construía a arca. [...]

Notar-se-á a que ponto essas duas linguagens – querigmática e hínica, de ressurreição e de glória –, que se entrecruzam na primeiríssima Igreja, se misturam sempre *nas celebrações pascais do Oriente cristão*, nas quais, contrariamente ao que defende X. Léon-Dufour, *a linguagem descida-exaltação nem sempre foi sacrificada em favor da linguagem da ressurreição.* É por demais conhecido o destaque dado pela Ortodoxia, nos seus textos litúrgicos e nas suas representações iconográficas da descida às profundezas, à vitória alcançada por Cristo, sobre todas as coisas e para sempre, sobre a morte e sobre o inferno:

"Cristo ressuscitou dos mortos, com a morte pisoteou a morte, e aos mortos nos sepulcros distribuiu a vida" (responsório da ressurreição).

"Páscoa do Senhor, Páscoa! Da morte à vida, da terra aos céus, nos fez passar o Cristo Deus... Agora tudo está cheio de luz, o céu, a terra e as regiões embaixo da terra: toda a criação celebre a ressurreição de Cristo, na qual ele foi reforçado" (nos louvores do matutino de Páscoa).

Disso podemos extrair a seguinte conclusão: reencontramos no Evangelho de Marcos, como também nos Atos e sobretudo nas confissões de fé e nos hinos do *corpus* paulino, *não só a fé e o louvor da Igreja nascente, mas o eco da pregação dos apóstolos em Jerusalém precisamente depois do evento da ressurreição. O anúncio da ressurreição e a celebração da sua dimensão "celestial", "meta-his-*

A ressurreição

tórica", constitui um reflexo autêntico da pregação e da experiência dos apóstolos, testemunhas das aparições do Ressuscitado.

O túmulo vazio

A visita das mulheres ao túmulo de Jesus é atestada pelos quatro Evangelhos, que parecem transmitir, a respeito, antiquíssimas tradições. Depois vieram Pedro e "o outro discípulo", isto é, João, que constataram que as faixas enroladas ao redor do corpo estavam jogadas por terra no túmulo vazio (Lc 24,12; Jo 20,5), assim como o sudário, "dobrado num lugar à parte" (Jo 20,7).

As narrações evangélicas dão acima de tudo uma estranha impressão de confusão (no que se refere ao número de mulheres e de anjos que lhes apareceram). Trata-se, sem dúvida, da vontade de não perder nada das antigas tradições das narrações feitas na origem pelas mulheres transtornadas e que talvez não tenham se dirigido todas juntas ao sepulcro. Todavia, enaltecendo a narração, *nota-se um acordo fundamental: o evento se verificou muito cedo, no fim da noite, quando a luz apenas surgia.* Os três sinóticos mencionam entre as mulheres Maria Madalena e Maria, mãe de Tiago. João menciona só Maria Madalena. *A pedra que fechava o túmulo havia sido rolada.* Há visão de anjo(os): um só em Mateus e Marcos, dois em Lucas e João...

Eu gostaria, a este propósito, de sublinhar três pontos: que se trata de um fato histórico; entretanto, não de uma prova constritiva, mas de um sinal ao mesmo tempo apofático e simbólico.

1. O historiador deve reconhecer, com toda humildade, que algumas mulheres vieram ao sepulcro de Jesus e não encontraram o seu corpo

Claro, o sepulcro vazio não é mencionado explicitamente pelas Cartas de Paulo; mas Paulo nada mais faz do que nomear as testemunhas e celebrar o seu sentido. Não narra isso, assim como não narra a Paixão, embora mencione várias vezes a morte de Cristo na cruz.

Por outro lado, Delorme lembra que era costume entre os hebreus fazer uma peregrinação anual ao túmulo de um profeta; analisando a narração de Marcos, ele acha que essa narração se situa no contexto de uma peregrinação que os primeiros cristãos de Jerusalém fariam todo ano, na Páscoa, ao túmulo vazio, peregrinação acompanhada por uma celebração litúrgica da qual a narração de Marcos traria marcas (hipótese também levantada por um exegeta ortodoxo polonês, Padre Klinger). Na oração da manhã do domingo, o oficiante lê o Evangelho da ressurreição não diante do povo, mas à direita do altar que representa o sepulcro, em memória do anjo que anuncia às mulheres a ressurreição. Os liturgistas conhecem bem o influxo dos costumes da antiga Igreja de Jerusalém sobre os ritos das demais Igrejas.

A historicidade do sepulcro vazio e essa peregrinação anual praticada desde a segunda metade do século I explicariam também que, segundo Mateus, os sumos sacerdotes e os anciãos teriam pagado aos guardas para dizer que os discípulos de Jesus haviam roubado o corpo enquanto eles dormiam. Se o evangelista julgou necessário rejeitar a versão do furto, que se havia difundido em determinados contextos hebraicos, é sem dúvida porque ninguém contestava que o sepulcro ficara vazio.

2. O túmulo vazio nunca foi uma prova constritiva. Os textos evangélicos respeitam infinitamente o mistério

Se os comparamos ao Evangelho apócrifo de Pedro, escrito quase na mesma época (aproximadamente no ano 80), vemos que aqui se descreve Cristo que sai do túmulo: um evento fenomenal, "fotografável", *visto* ao mesmo tempo pelas mulheres e pelos guardas. Erro também cometido por *uma iconografia decadente*, que mostra Cristo saindo do túmulo.

Os evangelistas mostram apenas a pedra rolada, o túmulo vazio, as mulheres desconcertadas: *um enigma em que o indescritível não é descrito, em que o inefável não é dito.*

Nós vemos só *o túmulo vazio,* que, como tal, não pode suscitar a fé. Em Lucas, a história narrada pelas mulheres atônitas é qualificada como delírio (24,24). João, no entanto – e só porque é o discípulo predileto, aquele que ama, aquele que intui a plenitude divina do seu mestre –, "viu e acreditou" (Jo 20,8). Para ele na hora, para os outros pouco a pouco, sobretudo depois de Pentecostes, o sepulcro vazio se revela...

3. Um sinal apofático e simbólico

O sepulcro vazio é sinal de uma misteriosa ausência. Mas ausência por excesso de presença, porque tudo sugere, na aurora do dia sem ocaso, um Vivente, mais vivo do que a nossa vida misturada à morte. As faixas intactas, no chão, como uma crisálida da qual a borboleta fugiu, contrastam com o aspecto de Lázaro, que sai do túmulo "com as mãos e os pés amarrados com faixas e um pano em volta do rosto" (Jo 11,44), corpo mortal nas suas faixas, reanimado, mas que ainda faz parte do nosso mundo e destinado a morrer de novo. Cristo, pelo contrário, não está lá, *não foi reduzido à condição do mundo decaído, porque é dessa mesma condição que ele triunfa. Não está lá, mas "tudo está cheio de luz, o céu, a terra e as regiões subterrâneas": a pedra rolada pelo anjo significa a destruição do "muro de separação" entre o céu da presença e a nossa existência sepultada na corrupção e na morte; o inferno, do qual o sepulcro vazio é símbolo, foi vencido, seu muro foi destruído, lá se encontram os anjos.* Quanto aos dois anjos, trata-se dos dois que se colocam de um lado e de outro do Vivente – servidores, mensageiros, iniciadores –, tais como os querubins da arca, ou os dois homens vestidos de branco quando da Ascensão. Mas quando se trata, como, por exemplo, em Mateus, do anjo do Senhor, é a intervenção fulminante da transcendência a ser simbolizada, porque o anjo do Senhor – vemos isso muito bem no Gênesis (16,7.13) ou no Êxodo (3,2) – coloca-se à direita de Deus.

Assim é, em definitivo, *o grande ícone pascal*: o túmulo vazio, a crisálida das faixas, o anjo que rolou a pedra e mostra a ausência bendita, a sombra iluminada, a morte vencida.

Nesta superação dos limites, nesta abolição das fronteiras entre o céu e a terra, a Boa-Nova é anunciada como uma palavra celestial.

Marcos: "[...] Não vos assusteis! Procurais Jesus, o nazareno, aquele que foi crucificado? Ele ressuscitou! Não está aqui! Vede o lugar onde o puseram!" (16,6). O mistério é anunciado, *depois* o seu sinal.

Mateus: "[...] Sei que procurais Jesus, que foi crucificado. Ele não está aqui! Ressuscitou, [...]" (28,5-6), com o retorno *à Palavra*, ao verbo do Verbo encarnado.

Lucas: "[...] Por que procurais entre os mortos aquele que está vivo? Não está aqui. Ressuscitou! [...]" (24,5-6). É expressa a antítese decisiva: morte/vida, em que os mortos são também aqueles que chamamos de viventes.

João, pelo contrário, exprime *toda a ternura de Deus* na palavra do anjo a Maria Madalena: "Por que choras?".

As aparições

O Novo Testamento menciona uma dezena de aparições do Ressuscitado àqueles que o conheceram na sua condição pré-pascal. Podem ser classificadas, como o faz Léon-Dufour, como "aparições privadas" e "aparições públicas", isto é, aos apóstolos reunidos e, às vezes, aos outros discípulos. Esta segunda categoria é particularmente importante, porque é fundamento e manifestação da Igreja.

A ressurreição

- *As aparições privadas*: nenhum detalhe sobre aquela que Pedro viu (1Cor 15,5), simplesmente confirmada por Lucas (24,34), nem sobre a aparição a Tiago (1Cor 15,7). São desse tipo também as aparições a Maria Madalena (Jo 20,11-18), a Maria Madalena e a Maria, mãe de Tiago (Mt 28,1-8), e aos discípulos de Emaús (Lc 24,13-35).

- As *aparições públicas*: nenhum detalhe sobre a aparição "aos quinhentos irmãos", mencionada por Paulo. Contam-se cinco aparições aos apóstolos: aos Onze ou aos doze em Jerusalém (Jo 20,19-24 e Lc 24,36-43); aos onze, com Tomé, oito dias depois, em Jerusalém (Jo 20,26-29); aos sete, às margens do lago de Tiberíades (Jo 21); aos apóstolos na Galileia (Mt 28); aos apóstolos em Jerusalém, no momento da Ascensão (At 1,4-8).

Disso se podem deduzir três estruturas, ainda que relacionadas entre si:

A estrutura do amor e da fé: iniciativa/reciprocidade/missão. É dominante nas aparições "privadas", mas também na aparição aos sete. *Cristo Ressuscitado não se impõe: é um objeto aquilo que se impõe aos nossos sentidos, à nossa pesquisa científica*. Mas a sua presença não é uma simples visão subjetiva: *é uma superação das nossas categorias de objetivo e subjetivo, interior e exterior*. Um desconhecido encontra-se lá, que Maria Madalena pensa ser o jardineiro, os discípulos de Emaús pensam ser um viajante mal informado e os pecadores do lago "não se deram conta de que era Jesus". Porque ele está, diz-nos o final de Marcos, "sob uma outra aparência" – ἐν ἑτέρᾳ μορφῇ (Mc 16,12), nome de uma pintura surpreendente do monte Athos. Então o "reconhecimento" está em estabelecer uma relação pessoal, uma relação de amor, com Maria Madalena, com o "discípulo amado", mas, sobretudo, inseparavelmente, por outro lado, *uma relação eclesial, pneumática*, anúncio do tempo da Igreja em que, no Espírito, a presença do Ressuscitado mora *em nós*, fonte em nós de um ser novo, de uma existência renovada. Donde a importância, para reconhecê-lo, de uma leitura cristológica das Escrituras e do alimento partilhado num gesto quase eucarístico; donde a evocação – para a pesca milagrosa – do *chamado ao apostolado*. Aquilo que os discípulos descobrem assim, aquilo que re-conhecem, é *o mistério mesmo da pessoa de Cristo – a sua identidade divina – a sua força vivificante, o "mistério de Cristo", o próprio objeto da fé cristã...*

A estrutura antinômica da corporeidade do Ressuscitado: esta é pneumática, real e perfeita. Sobretudo ao longo das aparições "públicas", Cristo insiste sobre a *plena realidade do seu corpo.* "Vede minhas mãos e meus pés: sou eu mesmo!" (Lc 24,39). Mostra-lhes as mãos e o lado, e os convida também a tocá-los (Jo 20,27), para mostrar que não é um "espírito": "[...] pensando que estavam vendo um espírito. [...] Tocai em mim e vede! Um espírito não tem carne, nem ossos, como estais vendo que eu tenho" (Lc 24,36-43). Repetidamente come com eles. O Apóstolo Pedro, no seu discurso a Cornélio (At 10,41), testemunhará: "[...] comemos e bebemos com Jesus, depois que ressuscitou dos mortos".

Esse corpo *triunfa* ainda *das leis do tempo e do espaço decaídos, parece que repentinamente, de um modo inesperado, a portas fechadas. Ele irradia uma paz inefável.* "A paz esteja convosco" – palavras repetidas em todas as liturgias eucarísticas. O dom da paz, essa "paz que supera todo entendimento" (Fl 4,7 e Cl 3,15), permaneceu sendo até hoje o sinal da presença do Ressuscitado. "Corpo pneumático", diz São Paulo (1Cor 15,44). Corpo de glória (cf. Fl 3,21), não no sentido de uma desmaterialização qualquer, mas de uma transfiguração real, pelo Sopro e pelo Fogo, da corporeidade real.

A estrutura antinômica da familiaridade e da glória. Proximidade e transcendência. Familiaridade, ternura e amizade dominam, sem prevalecer, nas aparições em Jerusalém. Além disso, no modo da aparição na Galileia, *é sublinhada a glória do Ressuscitado: a montanha, o lugar alto, a Galileia das nações, – símbolo da universalidade – e a missão solene.*

Trata-se de uma cristologia *do Cristo glorioso em que a ascensão e o envio do Espírito não são explícitos:*

> Os onze discípulos voltaram à Galileia, à montanha que Jesus lhes tinha indicado. Quando o viram, prostraram-se; [...] Jesus se aproximou deles e disse: "Foi-me dada toda a autoridade no céu e na terra. Ide, pois, fazer discípulos entre todas as nações, [...] Eis que estou convosco todos os dias, até o fim dos tempos" (Mt 28,16-20).

Mas aqui ainda não se trata de oposição. Tomé, quando Jesus o convida a tocá-lo, portanto no auge de uma espécie de familiaridade prodigiosa e quase, para o Senhor, de uma *kénosis*, de uma "paixão além-túmulo", descobre logo o mistério de Cristo, que, dirá Paulo, tem o "poder que o torna capaz também de sujeitar a si todas as coisas" (Fl 3,21). E ele pronuncia esta frase inaudita: "Meu Senhor e meu Deus".

UMA ONTOLOGIA DA RESSURREIÇÃO

Os "estados espirituais" do ser criado

A hermenêutica contemporânea supõe na maioria dos casos, no conhecimento da natureza e do corpo, uma espécie de positivismo.

A hermenêutica eclesial da ortodoxia nos oferece, ao contrário, uma doutrina dos "estados espirituais" do ser criado, ela própria verificada pela *experiência da santidade.*

Segundo essa doutrina, o ser criado conhece toda uma série de estados diferentes de *transparência* e *opacidade*, de *interioridade* e *exterioridade em relação à hipóstase humana,* estados dos quais os dois polos extremos são a *modalidade pneumática*, isto é, plenamente real, plenamente natural da criação, e a *modalidade decaída*, mantida certamente pela misericórdia de Deus, mas de certo modo "extranatura". Na sua *modalidade pneumática*, a criação é como que interior à hipóstase humana, que oferece os *logoi* ao *Logos* e comunica ao universo a graça do Espírito Santo. Precariamente oferecida na condição paradisíaca em que tudo dependia da liberdade ainda não experimentada pelo ser humano, essa modalidade pneumática ocultou-se com a "queda", mas segundo um lento processo de objetivação, o que explica a sua presença velada, nostálgica, nas tradições arcaicas. Essa modalidade pneumática nos é ofertada no Ressuscitado, ou seja, eclesialmente na profundidade da Igreja enquanto *"mistério" do sôma pneumatikón de Cristo*, e também escatologicamente, pois a morte será definitivamente absorvida pela vida quando o pleroma dos santos tiver cumprido aquilo que deve ser da cristificação da humanidade e do cosmo.

Pense-se na *theoría physiké* da vida hesicasta, que desvela e oferece os *logoi* das coisas; na decifração operativa, graças à santidade, do mundo enquanto "sarça ardente" cristo-pneumática para Máximo, o Confessor; na cosmologia de Gregório de Nissa, para quem a "matéria" decaída, opaca e separadora, nada mais é do que a concreção, a cegueira pelo pecado, da matéria luminosa, eucarística, penetrada pelo Espírito (em síntese, aquela "luz" criada no início, bem antes dos grandes luminares, e a partir da qual Deus tudo criou. Luz que a física contemporânea anuncia/ intui estudando o próprio tecido da matéria).

São, todas essas, concepções ligadas à *experiência dos sentidos – espiritualizações dos sentidos, doçura, calor, perfume, paz indizível e, sobretudo, leveza, luminosidade, transparência à Luz tabórica*, que é, deste modo, a luz da Páscoa e a luz da parusia. *Pacificação do contexto humano e cósmico*, como testemunha a atitude dos animais selvagens. A morte como *"dormição"*, *a incorrupção de certos cadáveres de santos, a força beneficente das relíquias...*

É, portanto, a capacidade humana de "dar glória" a que permite a reintegração dos *logoi* no *Logos*, a *difusão cósmica da Glória*, a *pneumatização do ser criado*. Pelo menos na origem e agora no corpo eclesial de Cristo, porque Adão (*homo maximum*, sintético, a imagem de Cristo, mas que foi, e permanece sendo, por causa da desintegração, e não por causa da reintegração), submetendo o universo "à vaidade" (cf. Rm 8,20), encontrou-se ele próprio submetido a esse novo estado do ser.

A queda, por conseguinte, suscitou *a modalidade decaída, contranatureza do criado*. O mundo se "densificou" e Deus o estabilizou na exterioridade, na evidenciação, na separação, *o determinismo e a morte*. *O pecado é o fundamento ontológico dos limites do nosso conhecimento*. Os muros da nossa prisão, escrevia, em 1911, Berdiaev na sua *Filosofia della libertà*, isto é, as categorias do conhecimento, o espaço que oprime, o tempo que destrói, a lei de identidade (estranha à grande e original lógica trinitária), tudo isso é erigido pelo nosso pecado original diante do Sentido do mundo, pela nossa rejeição do Pai. *O ser da criação decaída é um ser doente: agora, a pesquisa científica e as "leis" por ela descobertas (ou projetadas) estão incluídas nessa "doença".*

O milagre, no próprio sentido da palavra, aparece como *a absorção da morte por parte da vida, da modalidade decaída de um ser ou de uma coisa na sua modalidade pneumática, absorção que é sempre anamnese pascal e antecipação escatológica*. O agente do milagre, ou melhor, o seu coagente (porque se trata de uma sinergia, em Cristo, com o Espírito Santo), é sempre uma pessoa santificada, que irradia a luz da ressurreição. No Adão definitivo o ser humano não é mais uma partícula infinitesimal dentro do mundo. Ele se torna *uma hipóstase que, ao mesmo tempo, supera, contém e qualifica o mundo*; este, como escreveu um grande poeta contemporâneo, torna-se interior a ele, e ele o restitui à sua

OLIVIER CLÉMENT – MARKO IVAN RUPNIK | *Ainda que tenha morrido, viverá*

transparência originária, assumindo-o totalmente nesta transfiguração, pela graça da cruz, pela provação pessoal e histórica da liberdade. Nessa perspectiva, embora o ser decaído seja um ser doente, parcialmente contranatureza, só o milagre é verdadeiramente natural.

A assim denominada rejeição científica do milagre está fundamentada numa realidade sobre uma fé, a fé na simples existência do mundo objetivado. Os positivistas não conseguem saber, na realidade, se o milagre foi possível ou não. Eles o creem impossível, e com isso consolidam e tornam mais opaca a objetivação. *A ontologia racional deles é a dos prisioneiros que constroem os muros da sua própria prisão.*

Pois bem, noutras vezes apontei para isso de passagem: *o "ponto focal" indicado por esta doutrina, o fundamento ontológico desta experiência, é a ressurreição de Cristo.*

O sentido da ressurreição corporal de Cristo

O corpo é uma estrutura através da qual a pessoa particulariza o universo, cuja matéria não cessa de perpassá-lo, de modo que o universo constitui, na realidade, o corpo único da humanidade. Assim se exprime, até na condição decaída, o mistério da "consubstancialidade" humana e *a vocação de cada pessoa humana a conter e a qualificar o todo, em comunhão com os outros.* Todavia, na modalidade contranatureza da criação "submetida à vaidade", *os indivíduos se excluem ou se devoram uns aos outros, e o homem, longe de conter o universo para transformá-lo em oferta, é absorvido pelo mesmo, que se torna o túmulo onde ele se dissolve.*

Afirma Berdiaev, em *Il senso della creazione*:

> "O homem, tendo reduzido, com a sua própria servidão, a natureza ao estado de mecanismo, choca-se com esta mecanicidade da qual é a causa e cai em seu

poder [...] A natureza necrosada [...] derrama à sua
volta o veneno que o mudará em cadáver e o forçará
a partilhar o destino da pedra, do pó e do barro. O
homem se torna uma parte da natureza, [...] submetido à sua necessidade".

*Cristo, ao contrário, apareceu sobre a terra não como uma hipós-
tase degenerada que quer apropriar-se do mundo como uma presa, e
se torna com isso presa do mundo, mas como uma hipóstase perfeita,
pois é uma hipóstase divina.* Por isso, conteúdo do universo numa
parte do espaço e do tempo, *na realidade ele contém o universo. O
seu corpo, que tece toda a matéria cósmica, o torna, pela sua atitude
constantemente eucarística, corpo de unidade, carne ao mesmo tempo
cósmica e eucarística. Existência pessoal perfeita, ele "hipostasia" o
mundo e transforma em sôma pneumatikón a matéria universal.* Não
só leva em si o paraíso, mas também o reino: nele o céu e a terra
se tornam céu novo e terra nova. Ele esconde voluntariamente
a sua corporeidade luminosa, paradisíaca, na sua corporeidade
sofredora e provada, para que na cruz e na noite repentinamente
cintilante de Páscoa tudo se ilumine; não se trata de um simples
retorno ao paraíso, não é a natureza apenas que ele transfigura,
mas toda a obra da cultura e da história, todo o esforço humano
de transformação da natureza; o seu corpo e o seu sangue não
são apenas uva e grão, mas pão e vinho! *Nele, a matéria decaída
não impõe mais os seus determinismos e as suas limitações. Esta se
torna meio de comunhão, templo e festa do encontro. Nele, ao redor
dele, o mundo "esfriado" pela nossa queda se funde ao fogo do Espírito,
reencontra o seu dinamismo originário, e todo o aspecto dos milagres
do Evangelho é como que sinal do retorno ao paraíso e da* re-criação
escatológica. Nele, ao redor dele, o espaço e o tempo não separam mais;
ele atravessa todas as portas fechadas, tal como o seu nascimento,
que havia sido virginal. *A sua exaltação cumprirá a tarefa de revelar
nele o Rei da Glória, que, vestido de uma vida cósmica transfigurada,
"sobe ao alto dos céus para tudo plenificar".*

E tudo se concentra, se recapitula, no mistério mesmo da ressurreição. Nos Evangelhos, as ressurreições operadas por Cristo não têm sentido em si mesmas; estas constituem apenas "sinais" da plenitude que esconde aquele que, antes de ressurgir e diante de Lázaro morto, havia podido dizer: "Eu sou a ressurreição e a vida". A ressurreição de Cristo *manifesta essa plenitude, mas a manifesta no momento da maior separação* – não só com os homens, porque "maldito é aquele que pende do madeiro", mas também com o Pai: "Meu Deus, meu Deus, por que me abandonaste?". *Então a separação mais impensável se enche do amor mais forte do que a morte*, esse amor que é a essência mesma da Trindade. Para nós que somos batizados nesta morte e nesta ressurreição, não pode haver mais separação, nem com Deus, nem com os homens.

E certamente a ressurreição de Cristo não é um "evento fenomênico" que o *flash* de uma máquina fotográfica, como o sublinha Dom Ignace Hazim, teria podido fixar sobre um filme. *O corpo do Ressuscitado é um corpo pneumático – sôma pneumatikón*, afirma São Paulo – *que quebra e transforma a existência fenomênica, isto é, as modalidades da nossa existência separada, submetida ao inferno e à morte*. Não se pode, portanto, conhecê-la segundo as condições desta existência! *O corpo do Ressuscitado é real, o único plenamente real, sem ser objetivado, porque é matéria penetrada pelo Espírito* (e o Espírito, Sopro e Fogo, não desmaterializa, mas vivifica e transfigura). A fé, por sua vez, longe de ser subjetiva, é a experiência comunicante, experiência de todo o ser em nós pelo Espírito, e que nos faz penetrar neste mundo transfigurado em que se revela, na irradiação do Ressuscitado, a verdade dos seres e das coisas. O Ressuscitado não é mais submetido à nossa condição de espaço e tempo, de espaço que separa e de tempo que mata. Os Evangelhos sugerem um Vivente mais vivo do que a nossa vida misturada à morte e à sua ordem precária. A ressurreição é, ao mesmo tempo, *histórica e meta-histórica*, como escreve Günther Bornkamm, "um evento *neste* tempo e *neste* mundo, e tudo imediatamente um acontecimento que impõe a este mundo um fim e algumas fronteiras" (*Jesus von Nazareth*, Stuttgart, 1957, p. 168).

Pois bem, tudo isso implica, como condição *sine qua non*, *que o corpo espiritual do Ressuscitado seja, e nada mais do que isso, o corpo terrestre de Jesus posto no sepulcro. Nada mais do que isso, mas ressuscitado, exaltado, transfigurado, manifestado na sua realidade secreta de universo transformado em Eucaristia...*

É por isso que um ortodoxo é obrigado a inverter, palavra por palavra, a afirmação que foi o nosso ponto de partida, isto é, que o corpo deposto no sepulcro retorna ao universo ao qual pertence, mas um universo que já é, em virtude da ressurreição, transformado e glorioso. Devemos, pelo contrário, dizer: *o cadáver de Jesus foge do universo da corrupção e da morte, ao qual não pertence mais, mas esse universo já é, em virtude da ressurreição, transformado e glorioso.*

O cadáver de Jesus não pode voltar para o universo, pois o universo como túmulo deve ser quebrado a fim de que o universo como Eucaristia seja manifestado; e essa ruptura e essa manifestação ocorrem na ressurreição corporal de Cristo.

A ressurreição corporal de Cristo não é, por conseguinte, a reanimação de um cadáver, mas a transfiguração universal começada – ou melhor, secretamente realizada – numa humanidade, num corpo que se tornou, por ser a humanidade de Deus, o corpo de Deus, estrutura da Eucaristia.

Aquilo que o Ressuscitado, às margens do lago onde ele tinha acendido "um fogo de brasas com alguns peixes em cima" (cf. Jo 21,9), quis mostrar aos seus discípulos, mesmo aparecendo-lhes ἐν ἑτέρᾳ μορφῇ, é que o Reino de Deus é também, tal como a terra o será, toda a terra, "libertada da escravidão da corrupção, em vista da liberdade que é a glória dos filhos de Deus" (Rm 8,21).

Ao meu pai Ivan
e à minha irmã
Marta

As faixas da caridade*

Marko Ivan Rupnik

Segundo a nossa fé...

▶ $\blacktriangleright$ Falar da ressurreição dos corpos quer dizer falar daquilo que continua, daquilo que tem a possibilidade de ser salvo da corrupção. Para nós, cristãos, é o amor de Deus Pai a realidade que permanece sempre e que salva tudo aquilo que assume. Mas falar do amor de Deus quer dizer contemplar o mistério das três Pessoas divinas. Então, mesmo se tratando da ressurreição dos corpos, descobre-se, como afirma Florensky, que toda realidade do homem pode ser remetida ao mistério trinitário. O fundamento no qual se ilumina também a nossa ressurreição pessoal é, portanto, a Santíssima Trindade. Por essa razão iremos começar com um breve excurso que oferece sinteticamente o quadro teológico no qual se insere esta reflexão.

Deus cria o homem participando-lhe a sua própria vida. A vida de Deus é o amor, porque nada existe em Deus que não seja amor, porque Deus é amor. Contemplar e saborear a vida de Deus significa conhecer o amor, e para conhecer o amor é preciso encontrar-se no

---

* Para um aprofundamento remetemos à bibliografia de apoio a este ensaio e por meio da qual, em muitos casos, eu procurei amadurecer o meu pensamento. Acima de tudo Tomás Spidlik (dele veremos particularmente o capítulo sobre "O homem e o cosmos, in: *L'idea russa*, Roma, 1995, p. 217-251), que me introduziu no pensamento possante dos filósofos e teólogos russos. Dentre eles, Vladimir Solovev, com as suas *Cartas pascais* (em russo: *Voskresnyja pis'ma, Sobr. Soc. X*, Bruxelles, 1966, p. 1-80. Sete cartas pascais foram traduzidas in: Id., *I tre dialoghi e il racconto dell'Anticristo*, Torino, 1975) e *Fundamenti spirituali della vita*, Roma, 1998; além deles, Sergei Bulgakov, do qual recomendo especialmente toda a reflexão sobre matéria e corpo da amor. Em Deus, a vida e o amor são uma única realidade, e se pode conhecê-los só fazendo a experiência dos mesmos. Mas para ter uma experiência do amor de Deus, uma experiência consciente, acolhida, tornada fundamento de uma visão, de uma reflexão, é preciso estar "predispostos", ter uma certa conaturalidade com Deus. Precisamente esse é o milagre da criação do homem à imagem de Deus. O Espírito Santo enviado pelo Pai para estabelecer sua morada na nova criatura lhe comunica o amor pessoal do Pai, isto é, a vida que brota de Deus eternamente. A criação do homem é um milagre do amor de Deus que confia o Espírito Santo a esta nova criatura. O homem, justamente porque tem o Espírito que derrama o amor do Pai no seu coração, pode chamar-se pessoa, à imagem das Pessoas da Santíssima comunhão trinitária. Assim, podemos dizer que, se Deus é amor, de algum modo também o homem, pessoa criada, é amor. O coração do homem é, portanto, plasmado pelo Espírito Santo que nele habita. Ora, a forma que o Espírito imprime no homem é o Filho. O Espírito Santo plasma,

---

segunda parte de *La luce senza tramonto* (Roma, 2002, p. 267-295), retomada em vários pontos de *L'Agnello di Dio* (Roma, 1990), *Il Paraclito* (Bologna, 1971) e *La Sposa dell'Agnello* (Bolonha, 1991). De Bulgakov sugiro também *Sofiologia della morte* (publicada em italiano em apêndice em P. Coda, *L'altro di Dio*, Roma, 1998, p. 161-222) e os artigos "Sviatyj Graal" (publicado em "Put", 1932, n. 32, p. 3-42) e "Zizn' za grobom" (Paris, 2. ed., 1987). Além disso, sou devedor a Viaceslav Ivanov pela reflexão sobre a memória (cf. "Zivoe predanie". In *Sobr. Soc.* III, Bruxelles, 1979, p. 339-347, "Forma formans e forma formata", ibid., p. 674-686, e *Dostoevskij. Tragedia – mito – mistica*, Bologna, 1994). Dos pensadores russos, indico ainda Nikolai Berdiaev com o seu *Il senso della creazione* (Milano, 1994). É claro que tudo isso tem subentendida também a reflexão patrística, sobretudo Irineu (toda a primeira parte do livro V do *Adversus haereses*); Gregório de Nissa (*De hominis opificio, De anima et resurrectione* e o *Oratio catechetica magna*); Efrém, o Sírio (ver as fortes imagens sugeridas pelo ciclo dos *Hinos sobre a ressurreição*); Macário (sobretudo as *Homilias espirituais*, onde repetidamente afronta a questão da ligação entre o espírito – ou a alma – e o corpo); e Máximo, o Confessor (*Ambigua* e *Questiones ad Thalassium*). No que se refere às reflexões antropológicas que aqui são apenas acenadas, eu as desenvolvi mais amplamente em *Dire l'uomo. I: persona cultura della pasqua*, 2. ed., Roma, 1997.

esculpe e imprime no coração a imagem do Filho. E a "imagem" não é uma marca fossilizada, mas um sigilo vivo, uma presença de uma forma especial. É uma presença através da ação daquele que é representado pela imagem. O Espírito Santo, por conseguinte, faz agir no coração do homem o Filho, precisamente porque o torna realmente presente e faz a sua presença se tornar eficaz, criando entre nós e ele uma relação verdadeira. O Filho, por ser imagem do Pai, arrasta atrás de si também o Pai, e assim a pessoa humana é criada à imagem da comunhão trinitária, do Deus trino. O amor, como essência de Deus, é também, desta forma, elemento constitutivo, dimensão fundante, pedra angular do homem. E precisamente por causa dessa imagem trinitária, o amor não pode ser entendido em sentido idealista, romântico ou psicológico-moral. O amor pode ser vivido, conhecido, estudado, aprofundado unicamente tendo como pano de fundo a Santíssima Trindade, pois daquele amor o homem participa e por ele é visitado.

A vida que permanece é a comunhão livre e fiel

Quando São João diz que Deus é amor (cf. 1Jo 4,8) está afirmando uma das realidades mais absolutas e estáveis. De fato, quando se queria exprimir que Deus está além do tempo, incorruptível, imutável, era preciso dizer que Deus é amor. Existe verdadeiramente só aquilo que nunca deixa de existir, que é fiel, que espera sempre. A vida verdadeira, a vida revelada por São João no seu Evangelho e à qual aspira todo ser é, de fato, a vida eterna. Ora, só uma comunhão perfeitamente fiel, absolutamente garantida, pode ser a vida que respira sempre, que não se cansa nunca e que nunca acaba. Uma fidelidade perfeita, estável, entretanto, nenhum argumento poderá garantir; só uma adesão livre. Só uma relação livre, entre pessoas que livremente aderem com amor à comunhão, é subtraída à morte e à corrupção. O amor de Deus é eterno porque é livre adesão. É a liberdade das Pessoas divinas a fazê-las amar livremente, e ao mesmo tempo essa liberdade é possível porque elas têm o amor, aliás, porque são o amor. A essência do nosso Deus é a livre adesão das três santíssimas Pessoas, e esse amor é, com efeito, Deus, porque é o verdadeiro Senhorio, é realmente aquilo que está além de toda comparação, que é incorruptível, eterno, mais seguro do que tudo aquilo que o olho humano pode ver e o corpo humano tocar e encontrar de sólido sob seus dedos. A livre adesão no amor é definitiva e estável precisamente porque é livre. Por isso mesmo é inatacável e não está sujeita à tentação, à degeneração, já que nada há nela que dê apoio à realização do mal, do isolamento, da ruptura, da rescisão. A livre adesão garante a ausência do interesse autoafirmativo.

O amor é a livre adesão

A livre adesão inclui também a possibilidade de não ser aceitos, de ser rejeitados. O amor pode também ser pisoteado. Mas o milagre do amor consiste em continuar a amar, porque na sua livre adesão inclui também a possibilidade de ser morto. Isso fica plenamente claro em Jesus Cristo, verdadeira imagem do amor de Deus. O amor do Pai que eternamente gera o Filho, depois que este foi morto, não o deixa apodrecer na terra, mas o ressuscita, e ele continua a amar-nos assim como na hora da morte. Cristo foi morto porque livremente se entregou à humanidade, e no seu amor já incluiu a possibilidade de ser traído, renegado e morto.

Uma comunhão realizada sobre uma adesão tão livre inclui verdadeiramente todos, não excluindo ninguém. Nem mesmo aquele que rejeita o amor. Uma comunhão que abraça todos é o único âmbito do qual é excluída a ameaça, porque ninguém se sente deixado de fora e consequentemente ninguém é um possível agressor. Só quando a comunhão é realizada no mesmo ato em que é realizada a livre adesão é que se trata de uma comunhão que garante a vida. Por isso a verdadeira vida é só o amor, porque é a comunhão. Na comunhão, a vida é garantida realmente. Viveremos somente se estivermos radicados na comunhão, no amor.

O isolamento, o fechamento e a autoafirmação são praticamente a expressão da morte. Tudo aquilo que se separa deste nexo orgânico da comunhão é separado da vida e destinado a perecer, a ser esquecido. O olvido é a arte da morte, e o seu império se concentra precisamente sobre o esquecimento.

O amor é a memória

A comunhão, esse coração universal que verte das veias tudo aquilo que existe e cujo batimento faz escorrer a linfa vital em todo o existente, é a memória. A memória, de fato, não pode ser entendida senão como a comunhão das Pessoas divinas, isto é, o amor absoluto. Só no amor de Deus, no amor livre das três Pessoas divinas, é guardado tudo aquilo que é e que existe. No amor de Deus, a memória é a custódia do próprio amor das três Pessoas. Também no nosso nível, criatural, só se tem a memória verdadeira participando do amor de Deus, pois somente ali se tem acesso a tudo aquilo que existe, que não é esquecido e destacado do conjunto. Só participando do amor de Deus se conquista o acesso ao tesouro onde está guardado acuradamente, com um cuidado pessoal, tudo aquilo que esse amor fez tornar-se, criou e vivifica.

Na sua identidade, a pessoa humana é constituída pela memória. A memória garante a estabilidade da identidade, a continuidade e a organicidade. Podemos dizer que a pessoa pode ser definida como tal só porque tem uma consciência do conjunto, da sua história, da sua evolução. E como a memória implica manter a organicidade da vida e da história, fica evidente que esta só é possível no amor, aquele amor doado ao homem na criação. No âmbito fenomenológico ou psicológico, esse amor, como também a memória, podem ser sepultados pelas patologias mais variadas e por tantos fenômenos que incomodam. Não se pode esquecer, de fato, aquela característica do amor segundo a qual, justamente quando é muito forte, não é garantido que seja visível, muito menos que seja de fácil leitura. Se é verdade que Cristo é a última palavra sobre a antropologia, não é de pouca importância o fato de que sobre o Calvário ele tenha sido totalmente entregue ao amor sem que isso fosse imediatamente perceptível ou compreensível.

O homem é tentado a se apoderar dos dons, e em última instância também de si mesmo. Por isso ocorre facilmente que ele próprio queira cuidar de sua vida. Se quiser cuidar da sua memória sozinho, inevitavelmente irá confrontar-se com a sua própria tragicidade, pois na memória se exprime de um modo refinado o princípio autoafirmativo que age nele depois do pecado. Se se quer esquecer certas realidades, faz-se de tudo para eliminá-las, enquanto a todo custo procura-se manter as outras. A vida da pessoa, assim, está encerrada entre esquecimento buscado e saudade. A experiência da vida testemunha, no entanto, que não estamos em condições de administrar o esquecimento e que há mil formas em que as realidades das quais queremos nos desfazer retornam. Por sua vez, a saudade é a fixação de uma mente passional que absorve todas as suas forças para manter viva uma coisa, sem consegui-lo. É o bloqueio de toda criatividade, é um conflito constante com a história, com a cultura e com a vida, pois de todo modo trata-se de uma seleção, de uma operação de isolamento. É filha de um princípio autoafirmativo, por isso mesmo exclusivista. Toma-se uma coisa, destacada do conjunto, do contexto, do organismo, que com isso é já algo de morto. Esquecimento e saudade são as duas faces de uma mesma medalha, isto é, da autoafirmação, da autogestão. Trata-se de duas patologias que crescem sobre a tragédia da humanidade depois do pecado. Se a nossa memória, pela participação do Espírito

As faixas da caridade

Santo, se alimenta da comunhão de Deus, onde tudo é mantido em vida, então é uma expressão pessoal deste amor divino. O Espírito Santo nos faz lembrar daquilo de que Deus se lembra, e Deus se lembra daquilo que é abraçado pelo seu amor. Tudo aquilo que se relaciona com Deus enquanto Criador e Senhor é guardado na sua memória. Não se trata de um exercício abstrato, teórico, ao qual poucos são introduzidos. A Igreja, no coração da qual se encontra a liturgia com a sua *anamnese*, é precisamente a memória de Deus comunicada aos homens como caminho de salvação.

A Páscoa – Deus se lembra

O pecado empurrou a humanidade para a separação, para o isolamento, onde reina um princípio de autoafirmação, onde a pessoa, imagem da comunhão, se torna sempre mais indivíduo, conceito quantitativo resultante de uma soma. A pessoa é o princípio da comunidade, porque é um ser de relações livres, ao passo que o indivíduo pode ser só princípio de multidão, ou seja, soma de vários indivíduos. A história da humanidade é uma luta dramática entre forças autoafirmativas contrapostas. A terra é semeada de túmulos, sobre os quais alguns erguem monumentos para não esquecer aquilo que é definitivamente entregue ao esquecimento, enquanto outros se dedicam arduamente a destruí-los para não recordar os heróis dos outros, que constituem a sua própria ruína. Nesta luta, mais ou menos selvagem ou nobre, dependendo dos pontos de vista, quem vence de qualquer forma é o esquecimento. Quem sai perdendo é o homem, a sua vida. O amor de Deus nos alcançou neste cemitério, onde reinam a separação, o ódio e o esquecimento. No seu amor, Deus não esqueceu o homem, mas pôde chegar até ele unicamente através da morte. Para encontrar todos os filhos de Adão, Deus teve de descer ao túmulo, porque este constitui o fim da linha de todo homem. E para entrar no túmulo e encontrar o homem, Deus não podia fingir diante da morte e desafiá-la como um super-herói, mas precisava assumir todo o destino do homem e, como homem, viver a tragédia da morte como consequência do pecado. Deus ligou-se à humanidade livremente, por amor e no amor. Por isso, em Jesus Cristo, Deus foi atingido pela morte, pela mão do homem, isto é, pelo pecado. Mas a humanidade que se revela em Cristo Ressuscitado é uma imagem luminosa, transparente, estabelecida sobre a filiação, a tal ponto que no Filho volta dignamente ao Pai. Em Cristo, Deus-Homem, a mortalidade dos filhos de Adão é acolhida e vencida pela força divina. E a morte, que entrou no mundo por causa do pecado, não tem mais o poder de desagregar a existência humana e de separar no homem o não criado do criado. Em Cristo, todo o humano – e no homem também o cosmo – vive "sem confusão e sem divisão", ligado indivisivelmente à vida de Deus.

De tudo isso restam claras duas coisas, estreitamente unidas entre si: que o tríduo pascal é o modo de ser na história do amor de Deus e que a memória de Deus é transfiguradora, transformadora. A memória de Deus mantém tudo por meio do amor, ou seja, mantém tudo à maneira do amor. Mas o amor se realiza na Páscoa. Por isso Deus guarda na memória vivendo a Páscoa. Se o homem se distancia, Deus não corta a relação com ele, mas o segue até os abismos, não com prepotência, mas deixando-se ferir pelo homem com o objetivo de permanecer com ele. Por isso a memória de Deus não é estática, nem em relação a Deus, nem em relação ao homem. A memória de Deus não se fossiliza. Não é uma "crônica", um elenco de dados fixos subtraídos à corrupção do tempo. É uma memória das Pessoas, por isso uma memória dinâmica, aliás, dinâmica de modo absoluto, capaz de encontrar o homem na lama, de lembrar que ele foi criado à sua imagem e que foi salvo na beleza do Filho.

O DÍPTICO DA CAPELA: DA TERRA AO CÉU POR MEIO DO AMOR

Toda a criação quereria servir ao amor

O quadro da capela é composto de um díptico (pp. ii-iii), cujas partes estão formalmente unidas por um braço da cruz e pela grande mesa branca que continua através das duas unidades que o compõem. Além disso, reencontramos as duas pessoas da parte esquerda repetidas também na parte direita. A parte esquerda é dominada pelo azul, e a direita pelo vermelho. Na parte azul, marcada por uma grande cruz azul escuro, encontramos a cena de um pobre coitado, ao qual uma mulher sentada à mesa oferece algo de beber (p. ii). No lado direito (p. iii) vemos, na mesma mesa, a Mãe de Deus e Cristo que, com a mão esquerda, indica a mulher que já conhecíamos do lado esquerdo, à qual Cristo oferece de beber no mesmo copo com que ela matou a sede do pobre. A Mãe de Deus oferece à mulher o pão, o que leva a intuir que Cristo, no copo, esteja oferecendo o vinho. Ao lado da mulher, sentado à mesa, encontramos o pobre, em atitude de *deisis*, que indica a mulher que lhe deu de beber, na qual agora reconhece abertamente o gesto de Cristo.

Na lógica do pecado, o homem pretenderia ser autossuficiente. Por isso se impõe com força, de modo autoafirmativo, buscando gerenciar as coisas que crê lhe pertencerem, que considera de seu domínio, de seu uso exclusivo. Mas as coisas resvalam das suas mãos; a satisfação que podem produzir passa velozmente e deixa um amargo na boca. E desse modo também as coisas são despojadas do seu verdadeiro fascínio, da sua beleza. A possessão reduz as coisas só ao fascínio da sedução, roubando-lhes o seu verdadeiro sentido. As coisas, com efeito, têm dentro de si uma vontade própria. Toda a criação é marcada pelos traços do Verbo, por meio do qual e em vista do qual foi criada. O Verbo imprime na criação o direcionamento, a orientação, esclarecendo-lhe o escopo, garantindo o sentido do uso e da existência de tudo aquilo que vive sobre a terra. E este sentido é o próprio Verbo, o Filho de Deus. Ora, o Filho é o Rosto que se assemelha ao Pai, que revela o Pai e que o evoca. O Filho é a caridade de Deus no horizonte da criação, à qual tudo converge. Por isso todos os bens da terra gostariam de estar a serviço do encontro, da caridade, do amor, para compor sobre todo o universo o retrato do Filho, cuja glória cobre o universo como um manto. A criação quereria tornar-se uma realidade pertencente à pessoa, que dela faz parte. As coisas, na sua verdade, são orientadas para um uso litúrgico, onde possam falar de Deus, comunicar o amor, o bem aos outros, e revelar-se realmente como "coisas boas", assim como Deus as viu quando as criou.

Se o homem age com violência com a criação impondo a sua própria vontade, empurra a criação para a mentira e a desvia do seu verdadeiro sentido. O mundo não é mais usado para criar o cenário do encontro entre as pessoas, para favorecer o dom, mas para interesses individuais, autoafirmativos, possessivos, onde as coisas se acumulam não para a celebração festiva do amor, mas para um silencioso testemunho do nosso penar em meio às mesmas. Nós, homens, geralmente pensamos que seja a quantidade de coisas a salvar a nossa vida, a garantir-nos a existência e a segurança. E por isso pisoteamos as relações. Portanto, antes ou depois, abertamente ou no segredo do coração, nos reconhecemos mendicantes do amor, do encontro, do olhar.

Segundo a sua constituição, o homem é um mendicante de amor. Sozinho o amor não pode dar-se. O amor se recebe, e então se responde. Deus criou o homem com o amor e o homem só pode viver amando. E, caso perca a verdade do dom recebido, a sua vida se torna uma dramática e dolorosa busca do amor. Pede-se o pão, mas na realidade está-se pedindo tudo: um olhar, uma palavra, um sorriso, uma moeda, uma carícia... Porque Deus é amor e o homem, criado à sua imagem, é um ser orientado ao amor. Segundo 1Cor 13, a vocação do homem se cumpre no amor. Ainda que o homem faça grandes coisas, comparáveis ao deslocamento de montanhas, ou que na sua generosidade chegue a entregar o seu corpo para ser queimado, tudo isso nada representa se não for feito no amor. O amor é a única realidade que dá sentido a todo pensar, querer, sentir e agir do homem. Todavia, lembremo-lo bem, o amor se realiza no modo do tríduo pascal.

Aquilo que é vivido no amor é guardado na memória de Deus

Azul e vermelho, humano e divino, são as duas cores cristológicas da tradição. O abismo entre o azul e o vermelho, entre o humano e o divino, foi preenchido pelo amor de Jesus Cristo, Filho de Deus, verdadeiro Homem e verdadeiro Deus. Amor realizado com a cruz e a ressurreição. Na pintura (p. ii) vemos o gesto de caridade da mulher, que evidentemente tem tanto amor a ponto de estar em condições de fazer um ato gratuito de amor. O pobre está numa posição que poderia ser de acolhida do dom, mas da mesma forma de súplica, de pedido, isto é, de *deisis*, um movimento que exprime também o indicar o outro, isto é, o gesto do verdadeiro orante, a atitude de fundo que exprime a identidade do homem como ser orientado para Deus.

O pobre acolhe e reconhece o amor do outro. Recebe um copo de água, mas contempla a imagem de Deus representada pela mulher que faz o bem, que ama com ternura. Deus é amor. Por isso qualquer pessoa tocada pelo amor é tocada por Deus. Começa assim a busca pelo reconhecimento do verdadeiro rosto do amor, que é Cristo. Encontrar alguém que faz a ti o gesto do amor, da caridade gratuita, quer dizer contemplar Deus. O amor é único, aquele que passa através do vaso de argila frágil que é a carne humana exposta à sua própria vontade – e por conseguinte à perversão – e aquele que afunda nos abismos do Deus trino.

Por isso todo gesto de amor está intrinsecamente ligado a Cristo, imagem perfeita do amor de Deus.

Mas também a mulher inclina a cabeça como sobre os santos ícones, porque também ela oferece o copo impelida pelo amor com que foi visitada e que a faz contemplar Cristo no pobre, já que tudo aquilo que fizermos ao menor de todos o faremos a ele (cf. Mt 25,40). Ainda que dermos um só copo de água, isso será levado em conta pelo Senhor (cf. Mc 9,41). Tanto é verdade que no lado direito do díptico (p. iii), à mesa no paraíso, onde certamente encontraremos o Senhor e a sua Mãe, o pobre revela mais explicitamente alguns traços que se assemelham a Cristo.

Cristo mesmo disse que não beberá mais do cálice a não ser no céu (cf. Mt 26,29). E agora o encontramos à mesa enquanto oferece o vinho no mesmo copo no qual antes a mulher deu água de beber. A mulher é admitida à mesa com Cristo e sua Mãe porque na terra acolheu o Senhor num pobre. Agora vive na sua pessoa a mesma transformação que ocorreu com a água, nas núpcias de Caná da Galileia. Com efeito, a mesa, o pão, o vinho e a comunhão são a celebração do amor de Deus que, em imagem, os homens celebram nas núpcias.

A ponte entre terra e céu, entre criação e absoluto, entre frágil e perfeito, entre tempo e eterno, é a caridade. De fato, São Paulo diz: "O amor jamais acabará" (1Cor 13,8). O amor é a realidade que leva a superar confins, que faz passar (1Jo 3,14). Tudo aquilo que nós vivemos no amor de alguma forma já passou para a eternidade, porque o amor dura eternamente. Qualquer coisa que for penetrada pelo amor já é libertada da morte pela vida. Aquilo que é vivido no serviço ao amor foi arrancado da morte pela vida. O amor guarda tudo. O amor é a memória fiel de tudo. Tudo aquilo que entra no amor não se pode mais perder, não pode definhar, não pode apodrecer, se corromper. Investir no amor significa ajuntar "tesouros no céu, onde a traça e a ferrugem não destroem, nem os ladrões assaltam e roubam" (Mt 6,20). E esse lugar é um *unicum*, isto é, a Pessoa de Jesus Cristo. Só em Cristo a humanidade por ele assumida e redimida, plasmada segundo a vontade de Deus Pai, vive "escondida com Cristo em Deus" (Cl 3,3) e espera a sua revelação como filhos de Deus (cf. Rm 8,19). Só em Cristo a nós, homens, é permitido o acesso ao tesouro subtraído à corrupção, porque só em Cristo a humanidade foi arrancada da morte e reconduzida à glória dos filhos de Deus.

É o Espírito Santo quem doa o amor à humanidade, quem grita em nós "Abbá" (cf. Rm 8,15), quem reforça e vivifica em nós a identidade de filhos, fazendo confluir a nossa vida no Filho. Por isso uma vida penetrada pelo Espírito Santo é uma vida penetrada pelo amor e pela filiação. E se somos penetrados pelo amor verdadeiro, não por uma ilusão, reconhecemos pelos traços do Filho que esse amor incide na nossa carne, isto é, na nossa história. Agora, como diz o Apóstolo, o amor está nas obras, nos atos. O amor não é abstrato. Por isso envolve toda a pessoa, a sua mentalidade, a sua cultura, a sua psique, o seu corpo, o seu mundo, isto é, o ambiente no qual vive. A mulher do quadro recebe de Cristo o mesmo gesto que ela fez. Revive uma verdadeira *anamnesis*, uma verdadeira memória transformadora, e encontra em Cristo tudo aquilo que na vida envolveu com o seu amor. Na ressurreição encontraremos, portanto, aquilo com que amamos. Em Cristo, primícias dos ressuscitados, a mulher revive liturgicamente toda a sua vida no amor. Ela vive em Cristo uma eterna memória, uma verdadeira *anamnesis* do seu gesto de amor. E que não é algo exclusivo, intimista, mas eclesial, o demonstra o fato de que ela se encontra à mesa com a Mãe de Deus – símbolo da Igreja – e com o pobre que encontrou no amor e que agora vive na vida eterna, uma vida feita de encontros. O amor que nos foi doado pelo Espírito Santo nos torna cristiformes, nos enxerta em Cristo, e nele reencontramos tudo aquilo que temos amado e por meio do qual temos amado. Este amor nos mostra o amor de Cristo em sentido total, e nos faz encontrar o Pai e todos aqueles que o Pai ama. Esta é a vida eterna.

O fundamento da nossa esperança

No quadro, a passagem da vida terrestre à plenitude da vida em Cristo nos céus é visivelmente indicada pela Igreja – isto é, a Mãe de Deus –, da qual o fundamento é Cristo. É a participação em Cristo o caminho para a ressurreição. A participação na vida de Cristo é caracterizada pela concretude histórica e pessoal do seu amor, um amor vivido dramaticamente no tríduo pascal até o derramamento do sangue, depois reencontrado e testemunhado pelos apóstolos sobre o seu corpo glorioso. E é seguindo, por nossa vez, esse processo pascal que o Espírito Santo nos torna participantes da vida de Cristo.

Quando Cristo se entrega integralmente ao Pai e aos homens, a ponto de toda a sua pessoa ser entregue ao sacrifício do amor, é insultado, açoitado, pregado, morto na cruz. Mas como foi morto por amor, entregue por amor aos homens e ao Pai, o amor do Pai o ressuscitou e ele se apresentou aos apóstolos com as feridas, sinal e testemunho da morte por amor, do sacrifício consumado até o fim, da sua total penetração no amor e por amor que por isso o arranca da morte. O mais forte argumento em favor da ressurreição de Cristo é, efetivamente, a sua morte (cf. Mc 10,32-33). O modo pelo qual se morre garante a salvação. Cristo predisse que seria entregue nas mãos dos homens, que dele zombariam, que cuspiriam sobre ele, que o flagelariam, que o condenariam à morte, que o matariam, e que no terceiro dia ressuscitaria. Pois bem, a primeira parte do seu anúncio se realizou por meio do derramamento de sangue, tendo braços e pés pregados e o coração aberto pela lança. E justamente esse fato garante a verdade do anúncio, porque é testemunhado com a totalidade da pessoa, isto é, com o sacrifício do amor.

As faixas da caridade

Não há, então, nenhuma dúvida sobre a verdade da última parte daquilo que foi predito: que no terceiro dia ressuscitará. O Pai, que o ressuscitou dos mortos, podia também apagar os sinais das feridas. Entretanto as deixou. Aliás, estas se tornaram o sinal de reconhecimento de Cristo, da sua pessoa, da sua identidade, porque só o amor, já o vimos, é a inconfundível identidade da pessoa. O amor é sempre pessoal, tem um rosto preciso, e as energias envolvidas no amor não podem mais ser repostas. Cada um pode cumprir um ato de caridade, mas o amor com o qual o faz é insubstituível e fica eternamente guardado na memória do amor. Assim aconteceu com Cristo. Os discípulos o reconheceram pelas suas feridas, a máxima expressão do amor. E por estarem tão atordoados a ponto de não poder crer, pediu-lhes se tinham algo para comer e pôs-se a comer com eles o peixe, para mostrar-lhes que não era um fantasma. Ou seja, Cristo os reconduzia a viver aquilo que eles haviam vivido no seu amor antes da Páscoa; tanto é verdade que Pedro diz: "[...] nós, que comemos e bebemos com Jesus, depois que ressuscitou dos mortos" (At 10,41). Cristo continua, portanto, a caminhar conosco, como diz o Pastor de Hermas, e nele vivemos liturgicamente numa eterna *anamnesis* a nossa redenção, isto é, o ato de amor com o qual ele nos alcançou e nos envolveu no seu amor.

Este díptico só poderia encontrar-se num espaço litúrgico. Faz parte, com efeito, da cenografia do altar, e precisamente com o altar e o ambão instaura uma relação dinâmica. O altar e o ambão são marcados por uma ferida. A cor vermelha que os marca poderia ser da mesma forma uma evocação ao realismo da ferida sobre o corpo de Cristo, mas o corte na madeira, com a sua estética e com uma certa elegância, indica uma ferida já totalmente espiritual, de glória. Aquilo que o díptico procura comunicar se cumpre de fato, realmente, sobre o altar, na comunidade que celebra a santa Eucaristia.

OS MOSAICOS DA CÂMARA MORTUÁRIA: "SEMEADO CORRUPTÍVEL, RESSURGE INCORRUPTÍVEL"

O homem é como o grão de trigo que morre na terra

Percorrendo as escadas e descendo para a câmara mortuária, encontramo-nos diante de um painel em mosaico que representa a terra, com um sol pálido de inverno e uma pequena semente, da qual brota, apenas perceptível, um ramo verde (p. viii). Ao lado está um grande painel, este também em mosaico, que representa Cristo à mesa com o pecador e a pecadora, que lhe enxuga os pés com os seus cabelos (p. x). Na parede ao fundo, embutido no muro, está representado o sepulcro vazio com as faixas brancas e três pedras ao chão (p. xii). À direita deste o anjo, com a pedra que fora colocada na entrada e a mão estendida indicando o túmulo vazio (p. xiii), enquanto à esquerda do sepulcro está representada a terra com um sol primaveril e o grão de trigo brotando (p. xiv). Na parede defronte a Cristo com o pecador e a mulher, dois painéis representando Madalena e a outra testemunha da ressurreição, que vão em direção ao túmulo aberto indicado pelo anjo, o qual, na cena, efetivamente as precede (p. xvi). Como as paredes da câmara mortuária foram deixadas em tijolo à vista, sem reboco, esses grandes painéis em mosaico ressaltam muito bem, criando um extraordinário efeito de luminosidade, de força e de cor pura. Um cenário pela vida, quase uma festa de movimento e de luz. A câmara mortuária, por conseguinte, foi pensada a partir da história do grão de trigo que morre na terra para brotar, ou seja, sobre o mistério pascal, uma história ligada à de Madalena, que, de pecadora que era, se descobre agora uma mulher nova, a ponto de se tornar a primeira e mais apaixonada testemunha do Ressuscitado.

> [...] Aquilo que semeias morre primeiro e só depois é vivificado; e o que semeias não é a planta já desen-

volvida – como será mais tarde –, mas um simples grão, digamos, de trigo ou de qualquer outro cereal; e, de acordo com sua vontade, Deus dá um corpo a esse grão, como dá a cada uma das sementes o seu corpo particular. [...] há corpos celestes e corpos terrestres; um é o brilho dos celestes, outro o brilho dos terrestres; um é o brilho do sol, outro o brilho da lua e outro o brilho das estrelas; e até de uma estrela para outra, há diferença de brilho. Coisa semelhante acontece com a ressurreição dos mortos: semeado corruptível, o corpo ressuscita incorruptível; semeado na humilhação, ressuscita na glória; semeado na fraqueza total, ressuscita no maior dinamismo; semeia-se um corpo só com vida natural, ressuscita um corpo espiritual. Se existe corpo só com vida natural, existe também corpo espiritual (1Cor 15,36-44).

Aqui São Paulo explica, a partir do exemplo da luminosidade dos corpos celestes e terrestres, a diversidade entre aquilo que é sepultado e aquilo que ressuscita. Praticamente, o Apóstolo abre diante dos nossos olhos o grande mistério da vida humana. Quando o homem nasce é como se um grão de trigo caísse na terra. Se esse grão se destrói e morre, brota a nova plantinha. Aquilo que brota em si não se assemelha em nada com o grão, porque o grão parece uma coisa morta, ao passo que dele brota a vida, de uma cor com vigor, vivaz, resplandecente. Mas se o grão não morre, não brota. Isso quer dizer que a vida depende da sabedoria do morrer.

É preciso saber morrer. Depois do pecado de Adão, nós experimentamos, no nosso corpo, como que uma passagem de um ventre ao outro, do ventre da mãe para o ventre da terra. A nossa vida se apresenta ligada a algo de extremamente frágil, que hoje existe e amanhã não existe mais. Com razão diz o sábio que o homem é como a erva que seca... O corpo humano é perseguido desde o ventre materno pelo aguilhão da morte e o destino do pequeno corpinho recém-nascido é um destino de doenças, de dores, de incidentes imprevistos, em síntese, do ir morrendo até a sepultura. O ser humano se revolta com toda a sua vontade contra a morte e quer vencer a luta contra ela. Mas nada mais consegue fazer do que prolongar por alguns anos, meses ou dias essa batalha, e a morte permanece irredutível adversária da nossa vontade autoafirmativa. Por isso mesmo, frequentemente, cai-se numa espécie de depressão perversa: se já não consigo salvar a carne da morte, pelo menos lhe ofereço o instante fugitivo da sedução, do cancelamento dos sentidos. Tomado pelo medo do fim, o ser humano fica atordoado com sensações intensas, fortes, com vibrações excitadas da vida.

Se o homem se põe a servir o medo da morte e a seguir as suas sugestões, se poupa, procura salvar-se, foge dos sacrifícios, das fadigas, da caridade, do amor e de todas as virtudes. E precisamente o salvar a si mesmo é o único motivo que pode induzi-lo a alguma forma de sacrifício. Sabemos todos, com efeito, que o ser humano é capaz de grandes sacrifícios para sentir-se importante, grande, protegido, considerado, em outras palavras, para atingir um bem-estar, que na realidade acaba não vivendo nunca como tal, porque já está por demais cansado, destruído, nervoso, ou porque a insaciabilidade ainda o faz seguir adiante. O medo da morte, a vontade de se salvar, de se afirmar, obedece diretamente à lógica do pecado, mesmo que seja difícil desmascará-la como tal, pois frequentemente ela está camuflada de uma forma excepcional. Uma vida vivida segundo essa lógica de pecado, ou seja, de morte, será, então, uma vida que se ilude de estar conseguindo a salvação, de viver bem, mas, na realidade, segundo a lógica da morte, não se pode viver senão pela morte. Assim o homem morre, e corre o risco de morrer efetivamente, como o grão caído na terra, não para brotar, mas para apodrecer. A lógica do pecado impele o homem a prender junto de si os seus entes queridos

As faixas da caridade

e a comprimir como que num punho todos aqueles que quer salvar. Só que esse é precisamente o modo de perder as coisas e de reencontrá-las mortas, roídas pelo verme.

Se, pelo contrário, deixamo-nos penetrar pelo Espírito Santo, isto é, pelo amor, e vivemos a nossa identidade como vocação para o amor e ao amor, então certamente nos destruímos, porque quem ama se consome por amor. O amor exige sacrifício. O amor não deixa se poupar, não permite repouso. O amor não busca para si, mas consome, desmancha, fere. Quem ama antes ou depois é crucificado. Mas precisamente nesse momento a vida é como o grão de trigo caído por terra, que morre para brotar. As feridas do amor produzidas em nossa carne, na nossa história pessoal, são o testemunho de uma sabedoria do morrer para ressuscitar.

O amor é aquela energia que lá de dentro move o homem a um constante êxtase, a um contínuo doar-se, a um repetido lançar-se em direção ao outro. Por essa razão o amor nos expõe continuamente: ao perigo, ao risco, no fim das contas, à morte. Todavia, se tivermos nos deixado levar pelo amor e se nos lançamos em direção ao outro precisamente porque nos expusemos ao amor, seremos salvos. Só o sacrifício feito por amor aos interesses individuais salva a pessoa. Só não escutando, devido ao amor, as sugestões da vontade autoafirmativa, mas, pelo contrário, negando-a, agindo exatamente da forma oposta, o homem salva a si mesmo. Já vimos: o amor de Deus se exprime na história de forma pascal. O mesmo vale também para o homem, pois na sua essência é constituído pelo amor de Deus. O homem salva a si mesmo vivendo ao modo pascal, onde a lógica é precisamente a do tríduo pascal: vence-se perdendo, adquire-se doando, vive-se morrendo. Quanto mais uma vida é marcada por amor, por esse desperdício de si, das próprias forças, das próprias energias, quanto mais é caracterizada pelo morrer, mais a vida é transportada neste novo rebento, incorruptível.

Cristo morre conosco para que nós morramos com ele

Jesus Cristo derrota a morte não como um herói, mas de uma forma tal a ponto de mudar-lhe o sentido. Ele, como Filho de Deus, assume a natureza humana. Não a combate, mas adere a ela até superar a morte, que é o destino comum de todos os filhos de Adão depois do pecado. Os homens têm medo da morte, por isso cedem à mentalidade que nasce desse medo. Cristo, pelo contrário, se expõe livremente à morte, se deixa penetrar por ela. Mas como é Filho de Deus, o amor do Pai queima a morte pela qual ele é atingido e, morrendo, dissipa a noite em que o Filho entrou. Assim, a morte é radicalmente derrotada e a humanidade, vencida por ela, ressurge, aderida a Cristo, Filho de Deus, no esplendor e na luz, libertada do pecado e das suas consequências, isto é, a morte e o medo da morte. A humanidade rebelde, precisamente na morte, se torna em Cristo uma humanidade filial. A Páscoa de Cristo destrói o significado da morte, ligado ao pecado, e revela a morte no seu sentido pascal, como livre sacrifício.

Depois do pecado, os homens não estão em condições de evitar a morte como crueldade e tragédia, como um fim fatal. Por isso Cristo vai alcançá-los justamente lá, na morte como um fim brutal, trágico, porque só este é o ponto de encontro de toda a humanidade, o fim da linha de todos os percursos possíveis. Toda tentativa de autossalvação acaba de qualquer modo na morte. Mais ainda. Ver o homem, filho de Adão, significa já ver o seu túmulo. Por essa razão Cristo, aderindo livremente com amor à estirpe de Adão, acolhe na morte a totalidade da humanidade também no sentido da sua tragédia e do seu pecado. Para poder nos acolher na morte, Cristo supera a morte, se torna vítima do pecado da humanidade, e – não fingindo a morte, mas com uma morte verdadeira – entra na morte. Como afirmou Gregório de Nissa na *Grande catequese*, entra na morte até chegar à nossa condição de cadáveres para, assim, atribuir à nossa natureza,

As faixas da caridade

por meio do seu corpo, o princípio da ressurreição. Assim, em Cristo, a ambiguidade da morte é derrotada. Do ponto de vista do pecado e da sua mentalidade, a morte é violenta em todos os sentidos. Do ponto de vista do amor com o qual Cristo se liga à humanidade, a morte é, pelo contrário, um livre sacrifício que leva a reencontrar a vida sacrificada. Cristo morreu como todos os homens, superou a tragédia da morte e a sua crueldade, de forma a tornar-se próximo de nós, instaurando, assim, uma relação acessível para nós. Nós podemos, desse modo, morrer a nossa morte como "salário do pecado" (Rm 6,23) já em companhia de Cristo. E se morremos com ele, então nos encontramos no outro significado da morte, o significado pascal. Morrendo com ele, sendo semelhantes a ele na morte, Cristo nos torna semelhantes a ele na ressurreição: "É digna de fé esta palavra: Se já morremos com ele, também com ele viveremos" (2Tm 2,11). Se sacrificamos a nossa vida com Cristo no amor, a nossa vida nos é devolvida nele. Em Cristo retorna a nós a nossa vida, libertada do pecado e da morte.

Então a verdadeira sabedoria, a sabedoria que leva a viver de modo a reencontrar a vida e não a perdê-la, coincide com o morrer com Cristo. Viver com Cristo significa chegar pouco a pouco a uma morte semelhante à sua. E ali acontece a passagem de uma vida não mais *com Cristo*, mas *em Cristo*. Se durante essa vida terrena se adere a Cristo, essa adesão se cumpre no sacrifício por amor, no consumar-se por uma vida segundo as palavras e a imagem de Cristo. E quando se chega ao cumprimento deste ato da morte com Cristo, se reencontra esta mesma vida em Cristo. Trata-se de uma passagem qualitativamente tão radical quanto a que existe entre o grão e o rebento, entre a crisálida e a borboleta: "Semeado corruptível, o corpo ressuscita incorruptível; semeado na humilhação, ressuscita na glória, semeado na fraqueza total, ressuscita no maior dinamismo; semeia-se um corpo só com vida natural, ressuscita um corpo espiritual [...]" (1Cor 15,42-44). Ali encontramos a nossa humanidade plasmada pelo Filho com o mesmo amor que ele tem pelo seu Pai, Deus Pai. Então não podemos nem de longe, com a nossa imaginação e o nosso pensamento, penetrar a beleza, a profundidade, a largura e a amplidão da salvação em nós quando nos encontramos em Cristo.

Somente sobre esse horizonte se compreende a visão cristã da ascese e do sentido moral do viver cristão. Somos exortados a um estilo de vida onde existe um sentido também para o sacrifício, para a renúncia, porque se contempla constantemente o rebento, a própria humanidade redimida. Estamos atentos aos gestos, porque vemos a possibilidade de revivê-los eternamente, de reencontrá-los para sempre.

O Batismo, nossa morte e ressurreição

Ora, a nossa fé nos ensina que o homem não é capaz sozinho de viver segundo o Evangelho, de seguir a palavra do Senhor tornando-se semelhante a ele na morte. Isso é obra do Espírito Santo, que comunica a nós Cristo de um modo pessoal, a fim de que possamos percebê-lo como nossa pessoal salvação. É só o Espírito Santo que nos torna "cristoformes" e que faz a nossa humanidade confluir na filiação, no Filho. É um processo que não se dá de uma forma abstrata, pensada idealmente. Trata-se, pelo contrário, de um evento preciso, eclesial e liturgicamente circunscrito: o Batismo.

> Acaso ignorais que todos nós, batizados no Cristo Jesus, é na sua morte que fomos batizados? Pelo Batismo fomos sepultados com ele na morte, para que, como Cristo foi ressuscitado dos mortos pela ação gloriosa do Pai, assim também nós vivamos uma vida nova. Pois, se fomos, de certo modo, identificados a ele por uma morte semelhante à sua, seremos semelhantes a ele também pela ressurreição (Rm 6,3-5).

As faixas da caridade

Como São Paulo descreve aqui, Cristo nos alcança na nossa morte para que nós morramos com ele na sua morte, já que a cruz de Cristo é o momento em que ele alcança todos os homens na sua morte. No Batismo, o cristão entra na cruz para morrer o homem velho, exatamente ao modo de Cristo, tornando-se-lhe realmente semelhante na morte. E ali reencontramos a nós mesmos na ressurreição, isto é, no rebento novo, na vida nova, plasmada radicalmente à imagem do Filho de Deus, a ponto de nos tornarmos filhos adotivos. No Batismo, a nossa vida é praticamente a vida depois da ressurreição. Por isso a morte está diante de nós apenas fenomenologicamente, como o afirma Evdokimov. Cristo, no seu amor, já nos tem na memória como salvos à sua imagem, à imagem de Filho, uma imagem de nós como filhos adotivos. E tudo aquilo que nesta vida fazemos com essa identidade de filhos adotivos nós o reencontramos, com efeito, nessa memória salvífica de Cristo.

No grau máximo da sua *kénosis*, na sua agonia de homem, a divindade de Cristo está escondida dele próprio, da mesma forma que se esconde de nós, divinizados através dele. Quando nós morremos, o fato de ser já divinizados no Batismo se subtrai aos nossos sentidos, à nossa percepção, mas nem por isso deixa de ser real e eficaz. A nossa ressurreição já ocorreu no Batismo. Pelo mesmo motivo podemos estar certos de que o esplendor do rebento é real e eficaz, porque constantemente o contemplamos em Cristo. Aquilo que nós estamos nos tornando, o contemplamos em Cristo.

Por isso, no âmbito da vida espiritual, é de extrema importância a contemplação, ou seja, aquela arte espiritual que nos faz estar sempre em relação com Cristo. Qualquer coisa que aconteça na nossa história ou na história do mundo, somos convidados a contemplar como tal realidade nos impele a descobrir-nos com Cristo. E isso é possível porque ele superou a nossa morte, aquela da qual nós temos tanto medo. Não existe doença, dor ou morte sobre toda a terra tão repleta da escuridão da noite a ponto de impedir Cristo de estar aí. Na morte de Cristo está incluída a morte de cada ser humano e da humanidade inteira. Há uma identidade entre a morte pessoal e única do novo Adão e a multiplicidade de todas as mortes pessoais dos filhos do velho Adão compreendidas nessa morte geral do Filho de Deus. Tudo isso que passa de um ventre ao outro, isto é, do nascimento à morte, Cristo o contém, e nós somos convidados a descobrir esta sua presença para poder contemplar a verdade da Páscoa, portanto convencer-nos dela. Na mais espessa escuridão, a presença de Cristo nos garante que convém permanecer com ele e esperar o dia da transfiguração. Toda a vida espiritual é, assim, a nossa colaboração para fazer crescer dentro de nós o "corpo glorioso" do homem interior que toma sob seu cuidado o homem da terra. É esse o significado da ascese.

Cristo nos encontra no nosso pecado

Cristo à mesa com os pecadores (p. x) é uma imagem explícita da *kénosis* transfiguradora vivida pelo Filho de Deus para chegar até o ser humano, distanciando-se de Deus e da vida. A mesa é um lugar da intimidade, do encontro, da solidariedade. É a expressão da comunhão, onde o encontro acontece na participação dos bens. Cristo participa com os pecadores a humanidade isolada e distante, empurrada para a solidão do deserto, para plasmar uma humanidade vencida na sua rebelião à imagem da filiação. Cristo se faz servo para tornar-nos filhos. Cristo, à mesa com os pecadores, revela-se um Cristo amigo dos pecadores. Ele não veio para chamar os justos e os sãos, mas os doentes e os pecadores (cf. Mt 9,12-13). Os Evangelhos nos testemunham com diversos episódios como os pecadores chamavam o seu nome, gritavam por ele implorando ajuda, como eram humildes, simples, e que, ao contrário, os que se achavam justos, os que já se consideravam em dia, reclamavam e se achavam incomodados com aquela sua amizade com os pecadores.

Os pecadores "convencionais" percebem o seu próprio distanciamento da luz, se dão conta da necessidade da salvação, da luz, do ar, da purificação. Por isso são eles que no Evangelho foram os primeiros a encontrar o Messias. Ao longo de todo o Evangelho, no entanto, permanecem sendo um problema aqueles que não sentem a necessidade de ser redimidos, mas que, ao contrário, se consideram capazes de "redimir" e de ensinar aos outros o caminho reto.

No mosaico está representado um pecador que põe a mão sobre o peito. Um sinal de contemplação na antiga iconografia, ou de humildade, de arrependimento, de qualquer modo um indício do pensamento do coração. Trata-se, evidentemente, de um pecador que experimentou suficientemente a náusea do pecado e procura aquele que pode acabar com ela, indicando-lhe um modo diferente de viver uma vida nova.

Cristo abençoa a pecadora aos seus pés, mas tem o olhar fixo exatamente sobre a semente que brota do primeiro painel. A mulher se aproxima de Cristo com a sua história marcada pelo pecado e pelas incontáveis humilhações. Faz um gesto de ternura sobre os pés de Cristo, até porque está chegando a ele com aquilo que ela é e com aquilo que sabe. Mas, em contato com Cristo, a mulher descobre que o homem sobre cujos pés ela chora não é um homem qualquer, mas o Filho de Deus. A sua humanidade é uma humanidade luminosa, penetrada por um amor filial, que nela suscita a verdade de filha e de irmã. Cristo abençoa a pecadora porque nela já vê e contempla a mulher nova. Ele vê o rebento, o esplendor de uma mulher nova, redimida, tornada filha de Deus, libertada do pecado, purificada. O esplendor da novidade da sua vida é tão diferente da mulher que chegou até ele, quanto o rebento de verde claro é diferente do grão apagado lançado à terra. Ela veio como uma pessoa desintegrada, já que a sua humanidade não era plasmada por um amor pessoal luminoso e estável. Por isso é imagem da humanidade pecadora. Todavia, quando se inclina para Cristo, impelida pelo amor que brota da acolhida sem limites que ele lhe oferece, adere àquela sua humanidade por ela percebida precisamente no encontro com o Senhor. Ela acaricia os pés de Cristo, e nesse gesto adere a si mesma nova, lavada, renascida, como está nele. Curvada sobre o corpo de Cristo, adere com um amor novo, aquele com o qual Cristo a ama, à humanidade de si mesma, agora plasmada pelo amor filial e estável que encontra nele.

As lágrimas da mulher nascem da desilusão, da humilhação, da amargura de tantos amores ilusórios, mas caem sobre o corpo de Cristo, banhando-o como o Batismo dela mesma. A mulher se descobre familiar, consanguínea, com a humanidade de Cristo. Cristo, de fato, não se tornou somente comensal aos homens. Os copos sobre a mesa já são uma alusão a todo o mistério sacramental, através do qual somos até mesmo transformados em seus consanguíneos. A pecadora se despede de uma humanidade arruinada, sujeita ao pecado e à morte, e redescobre em Cristo a sua humanidade amada radical e definitivamente, marcada por um amor fiel, estável. Descobre-se mulher amada e amante. E aquilo que é o seu mais pessoal amor se aproxima de Cristo como o seu Senhor e Salvador. E neste ato é transformada em filha redimida. Cristo, com efeito, tem a seus pés uma mulher nova e abençoa esta vida, a fim de que seja a vida que permanece, não uma amarga busca de ilusões de amor. Cristo tem a seus pés uma mulher morta à escravidão do pecado e ressuscitada como nova criatura.

O olhar de Cristo suscita em nós o arrependimento

Toda vida humana é marcada pelo pecado. O homem pode perceber o pecado diante de uma lei, e então descobrirá a sua imperfeição; diante dos critérios de uma sociedade, e neste caso

As faixas da caridade

fará as contas com a sua inadequação; ou diante de um rosto de infinita paciência e misericórdia, e descobrirá a si mesmo como pecador. A lei, a norma, a sociedade carregam a pessoa com um sentimento de culpa. Ao contrário, o olhar misericordioso comove, suscita o arrependimento, um soluço, um pranto que apressa o passo em direção ao Misericordioso, em direção ao Amor, e que faz cair a seus pés. O arrependimento é um movimento do coração que faz retornar.

A pecadora aos pés do Senhor testemunha que não adianta acusar-se dos pecados e decidir mudar, porque não estamos em condições de manter essas decisões tomadas diante de nós mesmos. E, se eventualmente isso acontecesse por algum tempo, acabaríamos sendo prisioneiros do orgulho e da soberba, que se traduzem num juízo severo sobre os outros. A mulher aos pés de Cristo, numa expressão explícita de ternura, testemunha que admitir a própria verdade diante do Senhor faz com que se encontre no corpo do Senhor oferecido a nós aquela nossa humanidade que nós tanto desejamos, mas não somos capazes de realizar.

Nós queremos ser homens e mulheres novos, conhecemos a imagem do homem novo, conhecemos o bem que o homem novo deveria fazer, a beleza do mundo construído pelo homem novo, mas não temos a capacidade de realizar tudo isso. Falta força de realização à nossa vontade, ao nosso pensamento, e mesmo às nossas mãos. Cristo assumiu a humanidade, a nossa humanidade, rebelde, opaca, impenetrável, prisioneira das mais variadas e baixas paixões. Sendo, porém, Filho de Deus, tem uma vontade que não só quer, mas contém aquilo que quer. Por isso a humanidade transfigurada nele na Páscoa é o conteúdo real, explícito, daquilo que ele quer, pensa e faz.

A pecadora abençoada pelo amor de Cristo testemunha que o perdão não é um simples cancelar os pecados, mas uma transfiguração da pessoa inteira. Agora ela morreu para o pecado, não lembra mais os amores errados, mas já leva impresso no coração a marca do rosto daquele que a amou e fez emergir nela aquela mulher nova que brota, exatamente da antiga. Não cancelou o passado. O passado foi transfigurado. No lugar do pecado entrou o Senhor mesmo, no lugar de um amor mercantilizado entrou o amor do Filho de Deus e no lugar dos amantes errados e ilusórios entrou o Senhor, que fez com que, em vez de uma pecadora, se encontre agora uma mulher nova, capaz de amar realmente.

O perdão faz com que nos reencontremos em Cristo

Esta cena acrescenta um capítulo importante àquilo que exprimem as imagens da capela. Lá vimos como uma vida impregnada pelo amor prepara um "depósito", uma memória eterna desta pessoa vivida no amor. E dissemos que isso se cumpre em Cristo, graças ao Espírito Santo. Mas a cena da pecadora com Cristo coloca em evidência, além disso, uma realidade, sem a qual a pintura da capela restaria incompleta. Uma pessoa pode viver sem amor. Pode ser entregue às paixões, à violência, à agressividade, a um egoísmo selvagem. Se é assim, nada é penetrado pelo amor, portanto nada é salvo da morte. É precisamente aqui que a nossa fé tem algo de único a dizer. A pessoa pode rejeitar o amor por toda a vida, e pode rejeitá-lo justamente porque se trata do amor, que é uma relação livre. O amor ama de modo livre, isto é, abraça como se não abraçasse, liga sem ligar, une sem constranger. Deus está unido a nós através do Espírito Santo numa ligação de amor que ele nos doa no momento da criação. A ligação entre Deus e o homem é, portanto, uma relação no amor, isto é, uma relação livre. Deus está estreitamente unido ao homem, todavia o sustenta na existência como se não existisse, num modo tão livre, como se a sua presença se desse na forma de ausência. Por esse motivo o homem pode rejeitar Deus. Precisamente porque é constituído pelo amor, pode dispensar o amor e dispensar Deus. O homem pode ver a sua vida como um desafio a Deus e ao amor, mas pode fazê-lo só em virtude do amor. Só Deus Pai sabe como o amor pode penetrar o coração do homem e convencê-lo a acolhê-lo. Por isso a nossa fé nos impõe a proibição de julgar os corações. Ao homem fica até o fim a possibilidade de aderir a Deus, quando, pela salvação operada por Cristo, poderá encontrar a sua existência impregnada de amor, ao qual durante toda a sua vida se rebelou. O arrependimento é a verdadeira graça da redenção da humanidade. As vias, as modalidades e a sua eficácia são um mistério, tendo necessariamente e sempre uma marca totalmente pessoal. Mesmo que numa vida mal vivida nada tenha sido salvo por meio do amor, porque aquela pessoa não serviu ao amor, graças ao arrependimento esta pode alcançar o perdão em Cristo e redescobrir a sua vida impregnada pelo amor de Deus.

Deve-se lembrar também de uma antiga tradição espiritual, que é a dimensão eclesial do arrependimento e da penitência. É a Igreja que ora pelos pecadores e faz penitência por eles. Cria-se, deste modo, um organismo do Espírito que penetra e que se aprofunda no mistério das relações eclesiais, onde só o Espírito Santo testemunha como, quando, ou em que lugar uma pessoa adere ao Filho e reencontra nele a nova humanidade que nele brotou.

O encontro com o túmulo

Na parede do túmulo vazio está representado o anjo que se apoia sobre a pedra rolada e indica o túmulo vazio (p. xiii). E, na mesma direção, encontra-se também um mosaico com a terra e um sol já escaldante, primaveril, bem como a semente que já produziu o seu rebento (p. xiv).

O túmulo é uma realidade embutida não só na terra, através de todas as gerações humanas, mas também na mente. É, de fato, um ponto firme no pensamento humano. O homem raciocina na ótica do túmulo, mesmo que muito frequentemente o camufle e o esconda sob tantas coisas, sem com isso, todavia, deixar de ler a sua própria vida na chave da morte. O homem pode também fugir do túmulo e procurar evitá-lo, mas este permanece sendo uma ideia fixa em seu raciocínio.

O túmulo é removido porque admite a falência. Os cemitérios são construídos fora da cidade. O homem distancia continuamente a morte porque é um argumento infalível, do qual ele não é nem dono, nem fonte da vida.

Por outro lado, na tradição espiritual temos um exercício que se baseia exatamente na lembrança da morte. Isso coloca imediatamente em relevância a ambiguidade da morte. Tudo depende de que ponto de vista se olha para ela. Se a olhamos do ponto de vista da vontade do homem que gostaria de afirmar a si mesmo como ser absoluto e indiscutível, então a morte é uma verdadeira tragédia, uma derrota evidente. Neste sentido é sempre interrupção de um sonho, de um projeto, e naquilo é um ato violento.

Se a olharmos do ponto de vista espiritual, a morte permanece igualmente um evento dramático, mas é ao mesmo tempo também um momento de encontro, um cenário verdadeiro, real, destituído de toda falsidade, no qual ocorre o encontro com Cristo crucificado, morto, sepultado e ressuscitado. Desde que o Senhor foi morto e foi sepultado, o túmulo se tornou uma realidade espiritual. Não fala mais só de falimento e de tragédia, mas lembra Cristo, o seu amor e a derrota da morte como consequência do pecado. E de fato o Senhor nos vem ao encontro no túmulo. Por isso a morte representa, para o cristão, uma admoestação austera, severa, ao mesmo tempo digna de toda a nossa estima e veneração. A morte nos estimula a viver todo instante de modo a poder se encontrar, de modo a poder dizer "tudo está cumprido", de modo a tornar-nos não estéreis e despidos, mas revestidos do rebento verde, revigorados no homem novo, de modo a encontrar-nos como que absorvidos no amor que temos buscado ao longo dos anos da vida (cf. 2Cor 5,4). A lembrança da morte faz calar em nós a transparência, a sinceridade, torna a vida autêntica, limpa-a dos inúteis retoques, das falsidades, dos artificialismos. A lembrança da morte relativiza os critérios e as categorias, purifica o pensamento, enxuga as paixões, e torna-nos contemplativos. Habilita o homem ao discernimento, tornando-o capaz de ver aquilo que tem importância e aquilo que não tem, aquilo que tem peso para a vida que permanece e aquilo que se soma a uma vida que apodrece e morre estéril.

Mas o egoísmo pode ser tão tenaz e ao mesmo tempo refinado, mesclado à patologia, insinuado na psique e na mente, a ponto de preferir a morte ao amor. Pode-se tender à morte mais do que a qualquer outra coisa; pode-se preferir até o fim gerir a própria vida em vez de envolvê-la no amor e oferecê-la. Neste caso a dor, que, como afirma Edith Stein, é a garantia do amor, pode ser lida só como maldição, como falência da meta estabelecida. Por isso pode-se entender a vontade de se matar como a nossa última conquista. Trata-se de um mistério tremendo e doloroso que, até certo ponto, pode ser explicado por meio do estudo das patologias. Esse poderia ser o significado mais decadente, mais horrível da morte, mais falimentar e vazio de sentido. Entretanto, sobre a certeza da cruz de Cristo e sobre o seu sangue derramado, a humanidade continua a crer que o amor de Deus é maior e que Satanás, o pai da mentira, não pode ter a última palavra, porque a sua derrota já aconteceu.

Do corpo ao cadáver

O que significa aquele vazio do túmulo aberto senão o corpo de Cristo glorioso que caminha com os discípulos, come e bebe com eles? E o que significa aquele rebento, aquele ramo verde que desponta da semente morta? O homem é feito de terra. A pessoa humana é um ser perpassado pelo cosmo. Tudo já havia sido criado quando Deus formou o homem, unindo o seu sopro ao barro, como afirma Irineu de Lyon. Deus fez confluir nesta nova criatura toda a criação, do mundo mineral ao botânico, chegando até ao dos animais. Depois, no entanto, soprou o seu hálito, a sua vida, nas narinas dessa nova criatura. Esse sopro, no homem, misturou-se com o cosmo. Esse é o espírito do homem. Deus criou esse espírito para que se misture com a terra, dando-lhe a vida e a capacidade de abrir-se e de acolher o Espírito Santo. E o Espírito Santo, então, veio morar no novo ser criado, participando-lhe a vida e o amor de Deus. Tratou-se, por conseguinte, de uma radical novidade na criação. O Espírito Santo participa ao homem aquele princípio vital, agápico, que une o homem a Deus elevando-o ao nível de pessoa, portanto à imagem de Deus. Precisamente esse princípio agápico, essa inabitação do Espírito, une o homem de um modo muito mais radical a Deus do que ao mundo animal, ao cosmo. A voragem que se abre entre o homem e o mundo cósmico é muito maior do que a existente entre o homem e Deus. A constituição do homem como pessoa à imagem do Deus trino constitui um abismo com o mundo material da criação, precisamente porque, no homem, surge para a matéria a possibilidade de ser personalizada, hipostasiada. Na pessoa humana constituída pelo amor, portanto criada de modo a realizar-se nas livres relações de amor, o cosmo material inerme, perpassando o homem, adquire este também uma forma pessoal. A radical novidade apresentada pela criação do homem está também no fato de que o cosmo contido na pessoa humana não é mais a simples matéria do cosmo. A matéria quer se tornar corpo, isto é, uma realidade pertencente à pessoa. A terra é potencialidade de uma corporeidade espiritual em devir, tende a se tornar aquela "terra nova" que se manifestará no fim dos tempos. O corpo não é simplesmente matéria, porque, pelo fato de ter sido empastado com o espírito capaz de acolher o amor pessoal, o mundo cósmico entra no homem num processo de parto.

As faixas da caridade

Como já foi recordado, pelo fato de o homem ter sido constituído pelo amor lhe é dada a possibilidade da livre adesão ou da não adesão. A essa realidade está ligado o evento do pecado, que é uma tragédia no mundo das relações quanto a si, quanto aos outros, quanto ao mundo e quanto a Deus. Pervertendo o princípio agápico num princípio autoafirmativo e possessivo, o pecado dissolve o homem, o desagrega. O colante de integração que tornou o homem um *unicum* do mundo agora se esvai e aquilo que antes dava ao ser humano o fascínio e a unicidade da sua condição, isto é, a síntese e a unidade, agora se transforma na sua tragédia. O mundo, a criação, a matéria, em vez de ser personalizada, torna-se uma real possibilidade de transformar o homem num objeto, numa realidade coisificada. O Espírito de Deus que habitava no homem com tanta intimidade e familiaridade agora se escondeu, e até o espírito do homem, por meio do qual o Espírito Santo lhe participou esta vida pessoal, é percebido como estranho. A desintegração é a fatal condição depois do pecado. E a morte é exatamente esse "ser destacado" (cf. Fl 1,23) da unidade. O corpo do qual sai o espírito não é mais corpo, mas simples matéria, que se decompõe nas substâncias das quais é feito. Aqui fica evidente que a morte é a consequência do pecado e o seu salário (Rm 6,23), porque faz o corpo voltar à terra, como matéria inerte, apodrecida. A possibilidade da hipostatização, da personalização do mundo se esvai, e o corpo desagregado testemunha a derrota do amor se o mundo permanecer fechado neste estágio do pecado.

Do corpo mortal ao corpo espiritual

Por causa deste princípio da separação, princípio diabólico que age depois da queda de Adão, o homem, que é plasmado pela unidade, percebe esse ataque da desagregação como sofrimento, como dor. A dor perpassa transversalmente toda a pessoa humana, da sua dimensão mais carnal, mais corpórea, ao âmbito psíquico, até a dor do espírito. Também o espírito geme e sofre no homem. A dor é uma íntima índole do homem, tanto que de algum modo o define e o distingue dos demais seres. Sofre o homem, mas na realidade sofre toda a criação, porque, se no homem não volta a prevalecer o princípio agápico pessoal do Espírito, da comunhão com Deus, a criação é condenada a permanecer suspensa na escravidão do egoísmo e do pecado. Somente se no homem voltar a vencer o princípio do amor, o princípio filial em relação a Deus, abre-se para a criação a possibilidade de se revelar e de se realizar na verdade pela qual foi criada.

> De fato, toda a criação espera ansiosamente a revelação dos filhos de Deus; pois a criação foi sujeita ao que é vão e ilusório, não por seu querer, mas por dependência daquele que a sujeitou. Também a própria criação espera ser libertada da escravidão da corrupção, em vista da liberdade que é a glória dos filhos de Deus. Com efeito, sabemos que toda a criação, até o presente, está gemendo como que em dores de parto, e não somente ela, mas também nós, que temos as primícias do Espírito, gememos em nosso íntimo, esperando a condição filial, a redenção de nosso corpo (Rm 8,19-23).

São Paulo mostra que é possível entender essa dor como um parto. Esse parto, com todas as dores que o acompanham, efetivamente aconteceu em Cristo através da sua paixão, morte na cruz e ressurreição. Também Cristo tinha um corpo feito de terra, de cosmo. A humanidade que ele assumiu era a de Adão, portanto em tudo, exceto no pecado, igual à nossa. Cristo não cometeu pecado, mas sofreu suas consequências. Aliás, experimentou sobre si mesmo a absoluta desagregação da humanidade até a morte violenta, toda a agressividade e a violência rebelde de uma vontade autoafirmativa e possessiva. Todavia, como já

As faixas da caridade

vimos, Cristo se entrega com uma livre adesão de amor a toda a laceração da humanidade, porque só assim pode afirmar a força do princípio agápico e da unidade para derrotar a separação produzida pela morte. Cristo se deixa consumir pela laceração da humanidade e absorve todas as mortes na sua morte. E precisamente quando os homens querem entregar o seu corpo morto à terra para que se decomponha como cadáver que retorna a uma matéria inerte, o Pai não o permite. O Pai, no seu amor que eternamente gera o Filho, o ressuscita dos mortos. Para ele é inadmissível que seu Filho, que restituiu a humanidade a uma perfeita filiação com ele, agora faça a dimensão corpórea da humanidade voltar à terra, da qual foi tomada com o decidido desígnio de nunca mais voltar. Aliás, o corpo glorioso de Cristo se torna primícias da humanidade nova. Eis o parto ocorrido e que faz vislumbrar o sentido da dor e da morte.

A obra do Espírito Santo é mover-nos em direção a Cristo, renovando constantemente uma relação vivificante com ele e reforçando em nós a consciência e a identidade de filhos no Filho. Por isso nos permite a participação em Cristo também nessas ânsias de parto, nessa dor. É aberta também para nós a possibilidade de viver a dor e o sofrimento na perspectiva do parto. A nossa vida é constantemente atacada pela morte, que constitui o seu inimigo mais feroz. A notícia de uma doença está sempre à nossa porta e à porta das pessoas que nos são mais caras. A tristeza, o medo, a angústia, as noites insones, as lágrimas derramadas são uma espécie de pontos de parada de todas as gerações da humanidade. Todavia, lidas na perspectiva das dores de parto ou da semeadura, todas essas realidades se transformam em festa e em lágrimas de alegria. Semeia-se na tristeza e colhe-se na alegria (cf. Sl 126[125],5).

Nós temos um corpo corruptível por causa do pecado e marcado pela dor, mas que de qualquer modo pode cumprir aquilo para o qual foi criado. É o âmbito no qual percebemos a vida que transcorre em nós, aquela sensibilidade de fundo que nos faz sentir que somos uma realidade visitada e perpassada por um rio vivo maior do que nós. O corpo é como as pedras do leito do rio, que colhem o desenrolar da vida. E a dor é aquela realidade que faz sentir da forma mais decidida, mais aguda, que a vida passa por dentro de nós e que nós não somos a fonte da mesma. A dor faz tomar consciência de uma dilacerante separação entre o nosso corpo e a vida, separação ocorrida com o pecado e superada com a Paixão de Cristo. O nosso corpo, precisamente com a sua precariedade, percebida sobretudo na dor, nos convoca a viver de tal modo a ponto de deixar-nos banhar pela vida. O corpo, com a dor, quer ser, assim, um chamado sapiencial para o como viver.

O sentido do nosso corpo é o de semear um corpo incorruptível. Enquanto o nosso corpo está morrendo, porque é impelido pelo amor à fadiga, ao sacrifício e a se consumar, através do espírito humano se conserva em Cristo um corpo incorruptível, completamente impregnado de amor, por consequência arrancado à morte. O nosso corpo está se desfazendo, até pelo simples fato de que foi atacado pela morte, mas ao mesmo tempo foi dada a possibilidade de, acolhendo Cristo, que na sua humanidade redimiu também a nossa, contemplar no morrer do nosso corpo o brotar em Cristo de um corpo incorruptível.

Nós podemos encontrar o sentido de toda doença, de todo sofrimento, na chave da oferta. Oferecer quer dizer envolver o próprio corpo no amor, que é o sentido das faixas da ressurreição. Oferecer nós mesmos, oferecer a dor, o morrer, impelidos pelo amor pelo mundo, pelas pessoas que amamos, pela humanidade, mas sempre no Espírito Santo, a Cristo. E então participamos do parto, da semeadura. E quando o nosso percurso foi cumprido e do ponto de vista fenomenológico ocorre esta separação desencadeada pelo pecado e o nosso corpo é sepultado, no amor do Espírito Santo o nosso espírito já foi entregue a Cristo. Ele mesmo vem recolhê-lo. O nosso espírito encerra na comunhão de amor do Filho tudo aquilo que nós, no nosso corpo, temos vivido de espiritual e no amor, como também tudo aquilo que

As faixas da caridade

temos acolhido e aceito do amor de Cristo que agia em nós quando nos salvava. Tudo isso, agora, foi criado por Deus no nosso espírito, santificado no espírito, salvo em Cristo, "escondido com Cristo em Deus" (cf. Cl 3,3).

No fim dos tempos, na parusia, na segunda vinda de Cristo, aparecerá o Senhor na força da sua glória e acontecerá a manifestação definitiva da verdade de Deus e da criação. A segunda vinda de Cristo será uma liturgia celeste na qual se revelará tudo aquilo que está guardado e vivificado na eterna memória de Deus. Aquela vida escondida com Cristo em Deus na sua eterna memória se manifestará como ressurreição universal. Todos ressuscitaremos. Os de Cristo participarão da glória do seu corpo glorioso porque viverão final e definitivamente a unidade personalizada e incorruptível típica do corpo de Cristo depois da ressurreição. Da memória de Cristo aparecerá o nosso corpo definitivamente liberto da corrupção porque definitiva e integralmente unido àquele corpo incorruptível guardado no Senhor. Os nossos corpos ressuscitarão porque identificados com esse corpo incorruptível. Ou seja, acontecerá uma reconjunção dos nossos corpos no corpo glorioso de Cristo. Com os nossos corpos acontecerá uma transfiguração semelhante à eucarística: o pão, na Eucaristia, se torna o corpo de Cristo, os olhos espirituais contemplam Cristo, os sentidos espirituais o desfrutam, mas à percepção imediata aparece acima de tudo o pão. Na segunda vinda de Cristo, na manifestação da sua glória, os nossos corpos aparecerão na plena revelação do corpo de Cristo, e aquilo que agora é imediata percepção, sobretudo como corpo mortal, coincidirá então, plenamente, com o corpo incorruptível glorioso em Cristo. E esta será a manifestação do nosso corpo espiritual a que é própria a "sensitividade santa", a "carne santa", como a denominava Bulgakov, a sensitividade espiritual que se entrega à beleza, a acolhe e lhe dá completude. Quando o cristão come e bebe o pão e o vinho eucarísticos, com os sentidos radicados no corpo mortal, na realidade saboreia o corpo e o sangue de Cristo.

69

A participação na Eucaristia une na pessoa, de modo radical, as duas sensibilidades – a típica do corpo mortal e a do corpo espiritual. A Eucaristia, com efeito, faz confluir a sensitividade do corpo mortal na sensitividade do nosso corpo espiritual. Por isso esta é o penhor da ressurreição, do nosso corpo imortal.

As testemunhas da ressurreição

As testemunhas da ressurreição vão em direção ao sepulcro para ungir o corpo do morto. Os mortos são procurados no cemitério. Se confiamos na tradição que identifica Maria de Magdala que vai ao sepulcro com a pecadora que unge os pés de Cristo, abre-se diante de nós mais um aspecto do mistério da morte. O gesto que Maria fez aos pés de Cristo já era uma unção para a sepultura. O amor vai além do túmulo.

O gesto de amor que Maria faz sobre o corpo de Cristo, ungindo os seus pés na total e transformante acolhida de Cristo, acompanha este corpo mortal da humanidade adamítica na ressurreição. Maria unge o corpo de Cristo com a ternura de um amor novo que ela recebe justamente de Cristo, que a acolhe e a considera já como aquele rebento novo. Já vimos que, no momento da unção, Maria, inclinada sobre o corpo de Cristo, adere com este amor novo, purificado, verdadeiramente agápico, à sua mesma humanidade que de Cristo e em Cristo é impregnada pela filiação, descobrindo-se filha e irmã. Diante do túmulo vazio, Maria, novamente aos pés de Cristo, ouve as suas palavras: "subo para junto do meu Pai e vosso Pai, meu Deus e vosso Deus" (Jo 20,17). Maria percebe realmente que o gesto de amor no momento da unção já é a ressurreição da humanidade nova da qual ela agora participa precisamente porque, aderindo a Cristo com um amor de ternura, se descobre parte desta nova família, desta nova unidade como filhos e filhas do mesmo Pai do nosso Senhor Jesus Cristo. E quando quer fazer de novo um gesto de ternura e se reter aos pés de Cristo, tomada por aquele

As faixas da caridade

impulso do amor, Cristo lhe faz entender que agora também o modo de exprimir o amor muda e que essa mudança está ligada ao retorno ao Pai. As possíveis variações da tradução do texto de João, "não me retenhas", "não me toques", "não agora", indicam que se trata de uma passagem na qual o gesto de amor vivido no corpo mortal o penetra até além da morte e será revivido num modo que é deixado em suspensão até que a filiação seja completa e a presença do Pai, imediata.

Este fato nos introduz no capítulo dos sentidos e da sensitividade do corpo. De manhã, as mulheres vão ungir o cadáver. O gesto, por si só, exprime um grande respeito, um cuidado, uma ternura, uma caridade autêntica. O corpo morto é tão provado que suscita no homem um gesto de ternura. O corpo morto de toda pessoa querida suscita isso. O amor pela pessoa querida não se detém diante do seu cadáver, mas continua a mover-nos ao gesto de ternura, de caridade, continuando-se a marcar encontros. Desde o seu início a nossa fé confirma e argumenta que a morte não trunca as relações; pelo contrário, abre-as a um nível superior.

Quando uma criança cai e se machuca, a mãe assopra sobre o local dolorido e lhe faz uma carícia. O nosso corpo, provado pelo aguilhão da morte, precisa de ternura e de carícia. Todavia, carregando consigo essa ruptura ocorrida com o pecado, o homem é constantemente exposto ao engano que lhe é sugerido pela mentalidade do pecado, do medo da morte. Os sentidos radicados na carne e, portanto, mais diretamente expostos ao mundo sensorial, cósmico, não sabem ler o gesto de amor senão na ótica egoística, isto é, com o objetivo do seu próprio interesse possessivo. Por essa razão ocorre o mal-entendido do amor. Mas os sentidos do homem interior, os sentidos ligados ao rebento já incorruptível, leem o gesto de amor na sua verdade. E o gesto de amor feito sobre um corpo impregnado do amor filial é necessariamente lido como um gesto de irmão e irmã. Portanto, no céu não haverá outro amor a não ser o amor agápico do Pai, vivido pelos filhos de um modo filial e ao mesmo tempo fraterno. Dando a precedência ao homem interior, ao homem novo, ao corpo já impregnado pelo amor filial, o gesto de amor feito sobre o corpo mortal pode ser entendido também como ascese. O corpo mortal dolorido precisa de ternura, mas o fato de dá-la como ternura à maneira do corpo incorruptível pode ser entendido pelo corpo mortal como austeridade, ascese, renúncia. Desde quando há no nosso amor também a vontade de possuir, de reter, haverá sempre uma luta entre a ternura, a ascese e a austeridade. Aquilo que o corpo mortal pode perceber como uma ternura para ele agradável a fim de minimizar a dor pode ser um gesto que não faz o corpo mortal passar à ressurreição. Uma carícia assim, de fato, pode ter sobre o corpo mortal um efeito ilusório, como se encorajássemos o grão de trigo a não morrer. E aquilo que é um gesto de amor já livre sobre um corpo incorruptível pode ser facilmente percebido sobre o corpo mortal como um dobrar a vontade própria com a austeridade, com a força.

As testemunhas da ressurreição junto ao túmulo lançam uma luz também sobre nós que vamos visitar os nossos mortos, ou que nos aproximamos dos nossos caros moribundos. A morte triunfa no mundo desintegrado, no mundo dos separados e dos isolados. A morte faz ver sobretudo aos olhos da nossa carne mortal que quem morre é impelido sempre mais para uma solidão irreversível. Quanto mais diminuem as forças, mais feroz é a dor, mais devastadora é a doença, mais parece que se atenuam as relações, as tramas, os contatos, e que o moribundo está se precipitando num abismo onde há unicamente a noite mais escura. Um punhado de terra jogado sobre o caixão exprime claramente a despedida. Para a mentalidade e a cultura típica da humanidade fechada na sua exclusiva dimensão cósmica, isto é, psicossomática, é exatamente assim. Na teoria se promete a lembrança, com palavras tipo "nós te lembraremos para sempre", "viverás nos nossos corações", mas na prática estamos convencidos de que essa memória antes ou depois se esvaecerá e o esquecimento calará sobre todas as coisas.

Uma cultura que praticamente já aceitou a desagregação do homem como ponto de partida da sua visão, como sua verdade, torna o homem escravo das categorias do mundo ao qual pertence. Se a morte for considerada como uma decomposição da matéria orgânica da qual ele é feito, e por consequência também uma decomposição psíquica, então não se pode elaborar nenhuma visão nem cultural nem antropológica, que possa ter algo de significativo a dizer sobre o homem. Tudo aquilo que é fruto de uma cultura, de uma ciência, de uma arte, encerradas nesta mentalidade, será sempre uma visão do homem prisioneiro naquela esfera da qual o homem foi tirado e elevado com a criação do seu espírito. Poder-se-ia até mesmo dizer que, considerando o homem só no interior da sua estrutura cósmica e psíquica, não se fala mais do homem enquanto tal, por isso não se pode elaborar e propor estilos de vida a ele próprios na sua integridade. Da visão da morte que se tem deriva, portanto, uma visão do homem.

Hoje talvez seja mais difícil ainda entender a morte num modo correto, porque de alguma maneira não se admite o pecado. Todavia, não reconhecendo a verdadeira existência do pecado, não se pode ter uma correta compreensão da morte. Por diversos motivos e reações aos unilateralismos do passado, a época moderna rejeita a existência do pecado, pensando assim estar prestando um favor ao homem, como se com isso o homem fosse libertado das suas várias escravidões. Mas na realidade se lhe está causando um dano. Falar do pecado não significa, de fato, ter uma visão mesquinha do homem, porque se lhe reconhece a sua dignidade de ser livre e responsável.

O homem entendido só como uma realidade psicossomática é estudado e aprofundado como tal, isto é, com categorias próprias ao mundo animalesco e psíquico-intelectual. Nos últimos séculos estudou-se de todas as formas o corpo do homem e a sua psique. Chegamos a um conhecimento tal a ponto de estarmos em condições de reproduzir o ser humano com a tecnologia. Ora, fechando o homem na esfera psicossomática, nós o temos relegado com isso àquele cosmo do qual Deus o plasmou, esquecendo ou passando tacitamente por cima do espírito como realidade criada diretamente por Deus, que é pura realidade constitutiva do ato com o qual o Senhor o criou. Uma visão deste tipo une evidentemente o homem ao mundo animalesco, ou até mesmo ao mundo botânico. Temos acumulado incríveis conhecimentos sobre tudo aquilo que se passa entre o verme e o homem, a tal ponto que pela primeira vez na história a tecnologia permite que se domine em sentido mecânico o mundo corpóreo, físico. Também no âmbito social o homem procura a sua companhia no mundo dos animais, pelos quais frequentemente começa a sentir uma compaixão mais explícita do que para com os seus semelhantes. E a sua morte, a sua sepultura, representam um retorno ao mundo do qual saiu. Sobre tal horizonte fica claro como é difícil sustentar uma moral elevada, uma ética nobre, portanto, um estilo de vida estabelecido sobre o homem como realidade divino-humana.

Em vez de estar ao lado do moribundo e ficar falando simplesmente disso e daquilo ou de ficar repetindo continuamente o diagnóstico da sua doença e a terapia que se seguiu, apegando-se à única esperança que deveria ter sido a solução médica, convém intensificar a luz das relações, purificar-nos, reconciliar-nos, de modo que se robusteça aquilo que é realmente o tecido da vida, orientando junto ao moribundo o olhar sobre aquilo que é o devir e o futuro verdadeiro, real, para além de toda consolação e alívio provisório. O fundamento da nossa esperança é sólido e radicado na memória que Cristo ressuscitado tem de nós, e as esperanças imediatas, os auxílios e os alívios que nos possam dar têm um peso real e um significado unicamente se forem lidos e vividos na chave da esperança que não desilude.

Por isso, na vida é importante tecer relações, sobretudo com aqueles que amadurecem na morte pascal, que realmente vivem como grão moribundo que brota. Convém ser circundados por

As faixas da caridade

amigos que vivem segundo a imagem e a mentalidade do homem novo. E quanto mais tivermos de afrontar a morte, mais preciosos são os amigos que a Igreja nos oferece como santos, isto é, as pessoas que já são glorificadas em Cristo. Os santos como amigos, onde possamos contemplar um estilo de vida pós-pascal, um modo de agir e de pensar segundo a lógica dos corpos já espirituais. Na hora da morte, quando todos têm a impressão de estar sendo precipitados num abismo de solidão, se intensifica a relação e a amizade com aqueles que já passaram. São eles que nos ensinam como o corpo exprime a pessoa quando esta, em Cristo, imagem consubstancial do Pai, se torna "consubstancial" aos outros, um único "organismo" com eles.

Ainda segundo a nossa tradição, entre os amigos mais fiéis do homem estão os anjos, que vêm ao encontro para concentrar o nosso olhar sobre a vitalidade e sobre a luminosidade do rebento e que nos ajudam a distrair a atenção do grão que está morrendo. O anjo é a luz, o calor, a ternura espiritual.

Deve-se sublinhar, entretanto, que a lógica espiritual não é nunca algo automático. A nossa mentalidade é tão condicionada pela morte que as testemunhas da ressurreição permanecem estarrecidas e até espantadas pelo fato de não encontrarem o cadáver no túmulo. Maria de Magdala confunde o Senhor com o jardineiro, porque o seu amor tão forte e intenso ainda não a tornou madura na contemplação. A sua mente ainda está fixada sobre o cadáver, a ponto de ser para ela mais normal procurar o cadáver e levá-lo para casa a fim de prepará-lo para a sepultura a ter o pensamento de que o Filho de Deus atraiu no amor eterno do Pai também a humanidade. A maturação espiritual do nosso caminho de fé é um processo de progressiva capacidade contemplativa. Só com esforço, lentamente, conseguiremos nos libertar das categorias que de certa forma são até convincentes, mas que pertencem a um mundo redutivo, a fim de adquirir as categorias e os passos necessários para reconhecer o Ressuscitado.

O conto de Bogoljub

Marko Ivan Rupnik

O sino toca para a janta e já se ouvem o chiado das portas das celas e os passos lentos e silenciosos dos monges. O velho Bogoljub, com a bênção do abade, há vários dias não janta com os demais monges. Do almoço ele reserva um pedaço de pão e uma maçã. "Senhor, tem piedade do teu servo", murmura. Toma o pedaço de pão, a maçã, e desloca a cadeira para a janela. Antes de sentar-se, abençoa o pão e a maçã, na convicção de que a oração e a bênção expulsem as trevas e as forças obscuras, de modo que o mal não possa aproximar-se dele. Come o pão e fecha a janela sob o jardim do monastério. "Tu, depois de ter comido, subiste no jardim das Oliveiras", sussurra em voz baixa. Experimenta a maçã e diz: "Mesmo que o inverno já esteja adiantado, esta maçã ainda é muito suculenta e tem um sabor preciso... Sê bendito, Criador do céu e da terra. Amém". E continua a mastigar lentamente. No final, abre a janela e joga o caroço no jardim. "Volte para a terra aquilo que dela veio", pensa. "Sim, Senhor, antes ou depois devolverão à terra também o teu servo." A esse pensamento fica um pouco perturbado. Não pelo medo da morte, mas pelo confronto que lhe parece apressado e não correto entre o caroço da maçã, que efetivamente volta à terra, e o seu corpo, do qual o destino último não é lá. "Tem piedade de mim, teu servo, e ensina-me os teus pensamentos, Senhor. Faze-me meditar a tua sabedoria." Volta-se para a pequena estante de livros. Antes da oração de *completas*, ainda tem a leitura espiritual. Mas ele se lembra de que o abade lhe dissera que fizesse um pequeno passeio pelo jardim, pois para a sua saúde isso seria bom. Toma um texto de Gregório de Nissa sobre a ressurreição e o lê em pé. "Abençoa, Senhor, a minha mente, para que eu possa ter deste teu santo servo algum proveito para o meu coração." Depois de ter lido algumas páginas, procura dizer aquilo que entendeu. Olha em direção à imagem da Mãe de Deus e, como um pequeno aluno, repete-lhe o pensamento principal, como que esperando dela uma aprovação daquilo que entendeu. Depois recoloca o livro na estante e desce para o jardim.

O ar é frio, cortante. Chega até a pensar em voltar logo para casa. Um calafrio atravessa todo o seu corpo. "Coragem, Bogoljub", vem-lhe à mente, "tu és um monge, não irias ter medo do frio!" "De fato, não tenho medo do frio, só que agora já estou velho." Mas o pensamento o persegue: "O ancião é que é tentado...". "Ó, Senhor, olha que pensamentos estúpidos... Mas aqui realmente faz frio!" Depois de uns quinze minutos retorna à sua cela. Continua repetindo o nome do Senhor, da Mãe de Deus e de alguns santos, seus caros amigos. "Senhor, quero chamar a tua atenção sobre estas almas." Lembra e apresenta ao Senhor algumas pessoas. Depois o pensamento se detém sobre Ksenja, uma mulher que morreu alguns anos atrás, ainda muito jovem. O rosto de Bogoljub se torna sério, como se com o olhar fixasse algumas cenas precisas, perseguindo as suas recordações. Ksenja morava longe da cidade, no interior, sobre as colinas. E toda manhã ia à cidade para o seu trabalho de secretária. Uma mulher honesta, simples, transparente, que amava o Senhor e o seu Evangelho. Bogoljub a conhecia muito bem, porque frequentemente vinha ao monastério e falava com ele. O monge a ouvia e depois lhe dava breves conselhos espirituais. Estava grávida, esperava o terceiro filho. Era inverno, aliás, tardo outono. Chuva, frio, e a primeira neve. De manhã, por causa da grande quantidade de neve daqueles dias, ela tinha de ir a pé até a estrada principal, onde pegava o ônibus. Era preciso que

Ksenja fosse trabalhar, porque a situação social era tal que, se não fosse, corria o risco de perder o emprego, e a sua família, certamente, não podia permitir-se isso. Sentia-se mal, e como a previsão era de que o tempo nos próximos dias não iria ser bom, o marido lhe sugeriu que pedisse ao diretor alguns dias de licença, até que o tempo melhorasse e ela não precisasse ir a pé até a estrada para pegar o ônibus. Mas o diretor era totalmente dominado pela outra secretária, uma mulher ambígua, que gostava de se vestir de modo a atrair o diretor fazendo-se desejar. Por isso o diretor frequentemente lhe dava dias livres, a maioria dos quais passava precisamente com ele. Quando Ksenja lhe pediu alguns dias, o diretor lhe respondeu com um seco não. Na manhã seguinte, o marido a acompanhou até o ônibus sobre a neve fria. Ksenja não estava bem. Para piorar, a neve se transformou em chuva. Havia um forte vento, e Ksenja se molhou muito. "Sim, Senhor Jesus Cristo", diz Bogoljub, e se voltou para o seu crucifixo. "Quantas vezes, Senhor meu, me encontraste nesses pensamentos, olhando na minha alma para esta mulher quase obrigada a adoecer gravemente e ter um parto dramático. Ksenja não se recuperou mais daquele parto. Quase ficou paralítica e a menina morreu depois de um ano, mais ou menos. Tem piedade, Senhor. Quantas cenas semelhantes, quantas almas honestas, boas, sofrem injustiça. Senhor Jesus Cristo, Filho de Deus, verdadeiro homem, Salvador da humanidade, quanto sofrimento por tanta leviandade... Tem piedade de mim, que tantas vezes me detenho sobre essas imagens e fico triste. 'A minha alma está triste até a morte', disseste, Senhor. Eu sei que tu conheces e vês aquilo que eu não conheço, nem vejo... Tem piedade de mim, se ainda estou triste, depois da tua ressurreição, depois da narração da Madalena, do testemunho de João, de Pedro e dos outros discípulos. Ksenja, eu ainda estou triste, ainda te olho sob a neve, a chuva e o vento frio..."

Naquele instante o seu anjo da guarda se apresenta e o convida a olhar para o ícone da Transfiguração. O monge Bogoljub, sem hesitar, segue o conselho do anjo e pousa o olhar sobre a imagem sagrada da Transfiguração, sobre as vestes brancas e fulgurantes de Cristo e sobre o azul escuro além-mar que, como amêndoa, circunda o Senhor. O anjo o empurra com força por trás e Bogoljub entra no azul além-mar, denso. Mas antes ainda de se perguntar onde estava, fica admirado porque o seu anjo, que sempre se comportava tão bem, acabara de empurrá-lo com tanta decisão para um mundo tão estranho que ele não sabe se caiu da cela ou se afundou na noite do mundo e do sol que obscurece diante do esplendor do Cristo transfigurado. Agora vê de novo o seu anjo ao seu lado. Um passo a mais e ei-lo numa paisagem lindíssima, bem aos pés de um bosque. Um bosque grande, ondulante sobre as colinas que sobem até a montanha. É outono. Bogoljub tem certeza de que é outono porque a erva não tem mais o vigor do verão e as folhas das árvores se movem ao vento num extraordinário jogo de cores queimadas. Vê as folhas amarelas ainda com pequenas manchas de um verde já apagado. Há arvores onde o amarelo se torna aceso e fica alaranjado, e outras ainda onde o alaranjado se transforma em vermelho. Mais adiante, há alguns ramos de um vermelho pesado, cor de tijolo. Em voz baixa, murmura: "Mas aqui todas as cores estão entre o amarelo e o vermelho escuro carmim...". "Sim", responde-lhe o anjo. "O outono é uma festa de cores." "É verdade, e tanto desejei que uma vez viesses me encontrar", acrescenta uma voz. "Mas é Ksenja!", exclama Bogoljub. "Isso mesmo", responde o anjo. Bogoljub se volta e vê Ksenja vindo, exatamente na divisa entre o bosque e o prado. Está muito linda. Vestida como sempre, com simplicidade, as cores de certo modo contidas, não decididas. E, nessas cores apagadas, percebia-se nela sempre um fascínio feminino. Mais ainda agora, caminhando neste sol fraco de outono. Encontram-se, saúdam-se como sempre, todavia para Bogoljub parece tudo tão estranho... Mas não há tempo, porque o anjo e Ksenja o levam para um atalho no bosque. E lhe parece estranho também que o anjo seja tão familiar com Ksenja, como se se conhecessem há tempo. Num instante, diante deles, abre-se uma bela planície, cheia de morangos. Parece um lago vermelho, vermelho e verde. "Que cor, que força, que luz!", exclama Bogoljub. Ksenja entra na plantação de morangos e a passa entre os dedos da mão tão quente que logo se reconhece que é a mão de uma mãe. Sim, a maturidade do homem, da mulher talvez mais ainda, se vê pela mão. Com esses dedos ágeis e ternos ao mesmo tempo ela colhe os morangos. São de todas as espécies. Aqueles inchados de um vermelho que parece molhado, um vermelho aceso, e os mais magros, menores, mas de um vermelho denso, mais próximo da cor de sangue. Depois há aqueles entre o amarelo-verde e o ocre, com alguns pontos vermelhos. E ainda os mais compridos, os mais redondos..., tantos morangos que as folhas parecem cobertas por uma colcha vermelha. Com um sorriso que contagia, Ksenja chama Bogoljub e o anjo o empurra de novo. "Mas olha só", pensa o velho, "que coisas estranhas." E desce por entre os morangos. Que perfume, que cheiro forte de morangos maduros... Bogoljub pega o morango que Ksenja lhe oferece e o experimenta. "Que sabor, que suco, que gosto, e quanto perfume nesses morangos vermelhos e maduros! Mas como pode haver morangos no final do outono?", pergunta Bogoljub, sem saber a quem dirigir a pergunta, se ao anjo ou a Ksenja. Mas Ksenja, naquele instante, está para seguir adiante, o saúda como sempre, dando-lhe um beijo, e se volta. Bogoljub fica ainda mais confuso, porque compreende que essa saudação, esse beijo na face, naquele perfume de morangos maduros, naquele vento de outono, naquele bosque aceso de cores, é diferente. Seguindo Ksenja, que se distancia, com o olhar, o anjo diz a Bogoljub: "Vê, não é lógico segundo os tempos da natureza que neste tardo outono tu comas morangos. E, segundo a lógica, Ksenja era louca, morreu e sofreu porque não sabia defender-se e desfrutar as ocasiões para si mesma. Mas aqui há um outro tempo, um outro ritmo e uma outra lógica".

Ksenja começa a voltar, como se tivesse visto algo que considerasse importante mostrar a Bogoljub, e convida o velho monge a segui-la. Bogoljub toma coragem e lhe pergunta: "Escuta, mas o que fazes neste lugar?". "Não é bem assim, Padre Bogoljub", responde ela, "foi tu que caíste aqui. Eu vivo sempre aqui. Mas pedi ao teu anjo que te trouxesse até nós para cancelar a tristeza da tua carne. Aqui é assim. As cores são sempre maduras, como os frutos. Não vês que podes voltar-te para qualquer lado e colher um fruto? Gostas de ameixas? Ei-las aqui!" E já sente o cheiro das ameixas maduras, coloridas de um azul pesado, profundo, com uma sutil película de prata. "Que macias!", diz Ksenja. "Estás vendo?" "Sim", responde Bogoljub. "Enquanto sofrias, extremada pela dor, de fato amadurecias. Essa é a maturidade". "E tu, Padre Bogoljub, quando eu vinha a ti em lágrimas, procuravas confirmar-me na fidelidade à palavra das bem-aventuranças." Ksenja sorri. "Me parece tão estranho que justamente tu te admires vendo esses frutos. Enquanto eu estava na terra eu é que me admirava de ti, porque me parecias como alguém que vive entre nós, mas que já está com o olhar fixo no além e contempla aquilo que Cristo nos preparou depois da morte. Agora vejo que estás surpreso. Por que isso, Padre Bogoljub?" Caminham e chegam a um lugar muito frio. Há neve e um lago gelado. Bogoljub está para dizer: "Ora, de novo o frio..." quando percebe que não sente nem um pouco de frio. Olha para o lago e vê que alguém está patinando. "Mas que coisas estranhas...", repete Bogoljub para si mesmo. Aproxima-se do lago e vê uma moça vestida exatamente como as atletas nas competições de patinação sobre o gelo. Mesmo que o velho monge não seja tão familiar às coisas do mundo, consegue reconhecer que aquela moça tem um fascínio todo particular e se move com uma harmonia entre o corpo, o pensamento, a vontade e o vento a ponto de ficar de boca aberta. Os passos velozes, as retomadas, os saltos, os braços leves, os dedos sempre concentrados e refinados em todos os gestos. Um cachecol de seda vermelha preso às costas ora adere, ora esvoaça pelo seu corpo. A roupa de um vermelho diferente, os patins de prata brilhante. "Incrível!", exclama Bogoljub. "Mas onde estamos?" "É minha filha", Ksenja sorri, contente. "Está treinando." "Mas para quem, para quê?" "É, Padre Bogoljub, vejo que és lento para entender."

Bogoljub está de novo sozinho, todo recolhido em sua cela, à direita do crucifixo e diante da Transfiguração de Cristo. "Tem piedade de mim, Senhor, que sou lento e não entendo... É tão claro que Ksenja queria me mostrar que aquele frio, o gelo, a doença, tudo no amor foi transfigurado numa festa, numa dança. Eu via o gelo como um ataque cruel da doença, do perigo, mas o teu amor o tornou uma dança de patinação, uma filha que dança em ti, arrancada da corrupção e do pecado, uma jovem mulher madura para o teu amor. Dê-se glória a ti, Eterno, Misericordioso, dê-se glória ao teu amor que faz recolher os frutos sem a primavera e o verão. Glória e honra a ti". O olhar se fixa sobre o discípulo do ícone que cobre o rosto diante do Transfigurado. "Sim, não é simples ver, nem entender. Mas nem por isso somos justificados em duvidar ou negar. Tem piedade de mim, Senhor, a quem seja dada toda a glória, agora e sempre. Amém".

Sumário

Introdução 5

A ressurreição. Hermenêutica e experiência eclesial –
Olivier Clément 7

SURGIMENTO DO PROBLEMA...7

UMA HERMENÊUTICA ECLESIAL 9

O testemunho paulino, em função da experiência
propriamente apostólica e da experiência eclesial...........9

A tomada de consciência dos apóstolos no Espírito
Santo 10

OS DADOS EXEGÉTICOS NESTA PERSPECTIVA...................13

Os testemunhos pré-evangélicos...................................13

O túmulo vazio 17

1. O historiador deve reconhecer, com toda humildade, que
algumas mulheres vieram ao sepulcro de Jesus e não
encontraram o seu corpo...17

2. O túmulo vazio nunca foi uma prova constritiva. Os textos
evangélicos respeitam infinitamente o mistério 18

3. Um sinal apofático e simbólico.....................................19

As aparições..20

UMA ONTOLOGIA DA RESSURREIÇÃO 23

Os "estados espirituais" do ser criado 23

O sentido da ressurreição corporal de Cristo.................26

As faixas da caridade – *Marko Ivan Rupnik* 33

Segundo a nossa fé... 33

A vida que permanece é a comunhão livre e fiel 35

O amor é a livre adesão..36

O amor é a memória..37

A Páscoa – Deus se lembra...39

O DÍPTICO DA CAPELA:

DA TERRA AO CÉU POR MEIO DO AMOR 41

Toda a criação quereria servir ao amor......................41

Aquilo que é vivido no amor é guardado na
memória de Deus...43

O fundamento da nossa esperança.............................46

OS MOSAICOS DA CÂMARA MORTUÁRIA:
"SEMEADO CORRUPTÍVEL, RESSURGE INCORRUPTÍVEL" 48

O homem é como o grão de trigo que morre
na terra 48

Cristo morre conosco para que nós morramos
com ele 52

O Batismo, nossa morte e ressurreição 54

Cristo nos encontra no nosso pecado 56

O olhar de Cristo suscita em nós o arrependimento...58

O perdão faz com que nos reencontremos
em Cristo..60

O encontro com o túmulo 61

Do corpo ao cadáver...63

Do corpo mortal ao corpo espiritual..........................65

As testemunhas da ressurreição 70

O conto de Bogoljub – *Marko Ivan Rupnik* 77

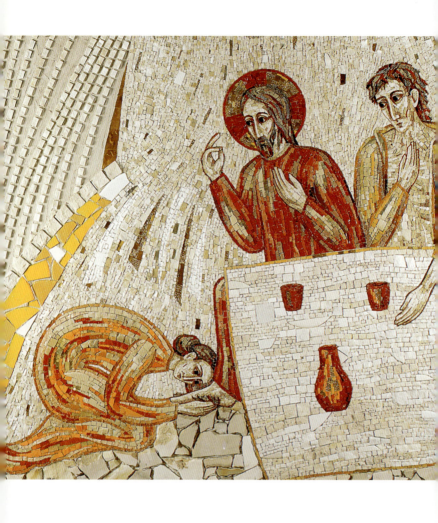

X

XV

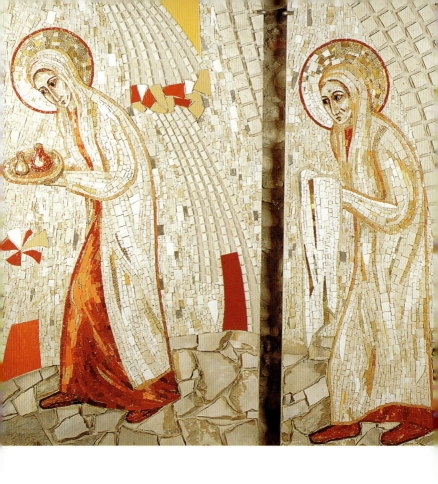